テレワーク社会と
女性の就業

Hori Mayumi
堀　眞由美

はじめに

　女性の社会進出が肯定的に捉えられている今日,「肯定的に捉えられる」に至るまでの道のりには,「女性」という一点で社会 地域，組織，家庭などで軽視されてきた背景が投影されていることが感じとられる．働く場でも例外ではなく女性労働の活用については，長い間「補助的な仕事」,「低賃金」,「短期」,「臨時」といったように格差をつけ，ないしは意図的にそのような労働環境に位置づけしてきたといえよう．女性活用を労働の場で格差をつけ，ないし臨時的なものとする風土および雇用の仕組みは，長期雇用，年功序列，企業別労働組合という要素（elements）を基盤とする日本的雇用慣行のもとで特に当然視され助長されてきたといえる．

　しかし，また，高度経済成長期を通じての急速な女性雇用者の増大は，これまでの繊維産業分野から家電製造産業分野を含めて産業全般にわたるという点で，日本の労働市場に変革をもたらしたといえよう．女性労働の変化について高度経済成長期を起点としてその推移をみるならば，まず，この時期の労働力不足から1960年代まで未婚若年女性が主体だった職場に中高年層の女性労働者の雇用が増大し始めたことが指摘できる．しかし，実態としては中高年層のほとんどは補助的，作業的な仕事に限定されるものであり，日本的雇用慣行の性差による役割分業は，依然として黙認されていた．また，正規と非正規の身分的区分も明確であった．高度経済成長期のような市場の拡大が同時に企業成長を保障する時代にあっては，正規社員にとって長期雇用（終身雇用），年功による賃金上昇は確実なものであったが，日本的雇用慣行のもとでは，女性の労働市場の大幅な進出はみられるものの，依然として補助的，臨時的に業務に従事するという位置づけには変わりはなかった．また女性雇用者増大の中身は非正規社員，すなわちパートタイム労働者，それも家事責任負担をもつ既婚女性が主体である．日本的雇用慣行のもとでの女性雇用者の増大は，雇用の安定性や賃金などに格差をつけたかたちでの雇用増大であるという実態を認識しなければならない．

1970年代半ばから女性労働の課題ないし問題としてよく取り上げられるのが，「仕事と家庭の両立」と「性別役割分業」である．これらの課題・問題が注目される根底に潜むものに目を向けるならば，労働の分野に男性主体の仕組み，慣行，意識が根強く残っていることに起因することがわかる．日本の女性労働に関して必ず言及される特徴として，先進国で唯一女性労働力率がM型曲線を描くことがあげられるが，このことは前述した課題・問題がわが国に根強く残っていることを，なによりも明確に証言しているものといえる．

　しかし，近年，このような女性労働に対する性差的，身分的格差を内在しながらも，長期安定雇用，年功賃金といった高度経済成長期のシステムを変革せざるをえない環境が生じ，少子化，高齢化といったトレンドが進むなかで，性差に関係なく女性能力の積極的な活用の機運が盛り上ってきているのも事実である．その背景には，ジェンダー・フリー理念の高揚，女性の高学歴化による高度な職業意識をもつ女性の増大，あるいは経済の長期低迷からくる企業の減量経営方針に基づく人材のアウトソーシング化（派遣社員や外部の専門家の活用など），さらにはIT化の進展などから多様な就業形態が創出されてきたことがあげられる．

　IT化の急速な進展は　企業経営や労働のあり方にも影響を及ぼしつつあるが，そのひとつとして，IT進展によって従来の時間と場所が固定した労働力ではなく，時間，場所に制約されない柔軟性をもった労働力の活用が可能になることが指摘できよう．本書は，労働の柔軟性が期待されるIT化の進展が，女性の就業環境にどのような影響を与えるのか，特に女性就業形態の変化に着目して考察したものである．

　本書の主要課題である「テレワーク」に関連して，本書の意図に触れるならば，IT化の進展が，わが国の女性労働にどのようなインパクトを与えるのかという基本視点を踏まえ，就業形態の多様化の実態分析を通して，IT化の進展に伴って注視されてきた「テレワーク（特に，在宅ワーク）」について取り上げていることである．テレワークという就業形態が，性差別的価値観や仕組みをなお残している日本の女性労働にどのような可能性をもたらすのか，そして

はじめに

　テレワークの普及によって日本の女性労働の主要課題である「仕事と家庭の両立」を実現するための条件，あるいは，どのような障害が存在するのかという側面について考察することに力を注いだ．なかでも，日本の女性労働の新たな進展という観点から，テレワークの利点を有効化するための政策方向を探ることに力点をおいた．筆者が，テレワークに着目したのは，電子社会の進展により，主要な女性の就業形態のモデルとしてそれが位置付けられると確信したからである．

　本書で触れているが，米国連邦政府は，2001年2月にはテレワーク構想を盛り込んだ大統領通達が発布され，行政府によるテレワーク推進活動に拍車をかけた．さらに，2001年9月の同時多発テロ事件以来，省庁などの業務の安全な遂行を基本目標に掲げ，さらに環境問題なども含めてテレワークを国家課題とし推進していくプロジェクトを立ち上げている．このことは，テレワークが新世紀の電子社会における主要な就業形態となる証左といえよう．日本もやがて国家レベルでこの課題に挑戦するときが必ず到来すると考える．

　テレワークが，21世紀において従来の女性労働問題の解決という枠だけに留まらず，電子社会におけるネットワーク化された労働のあり方，特に知的労働のあり方として，「分散型で協調して仕事ができる仕組み」の構築を，今後の研究課題にしたい．

　本書を完成するにあたり，中央大学大学院総合政策研究科教授の大橋正和博士より，研究過程を通じて多くのご指導・ご支援をいただいた．深く謝意を申し上げます．さらに，本研究を実行するに際し，iDC イニシアティブ，および TMAN（東京メトロポリタンエリアネットワーク）プロジェクトからさまざまなご支援をいただいたことに対しても謝意を表したい．

　また，出版に際しては，中央大学出版部の平山勝基氏，柴﨑郁子氏にお世話になったことに厚く御礼申し上げます．

著　者

Contents

はじめに ……………………………………………………………………………… i

Chapter 1　日本の女性労働の特質と変貌

1．日本企業の雇用形態と女性労働 ……………………………………………… 2
　(1) 女性のライフサイクルとM型就業形態プロセス …………………… 2
　(2) 日本的雇用慣行の特質と女性労働 ……………………………………… 4
2．女性労働の推移と特性 ………………………………………………………… 7
　(1) 女性労働力の推移 ………………………………………………………… 7
　(2) 女性労働の特性 ………………………………………………………… 12

Chapter 2　女性労働の研究とIT化に伴う女性労働展望

1．均等法施行以後の女性労働の研究 ………………………………………… 18
　(1) 均等法以後の女性労働の実態と就業形態に関する研究 …………… 19
　(2) 非正規労働（パート労働）に関する研究 …………………………… 23
　(3) 女性の就業形態としてのテレワークに関する研究 ………………… 26
2．日本の女性労働の展望 ……………………………………………………… 29
　(1) 女性の職場進出の要因 ………………………………………………… 29
　(2) 女性労働力への期待 …………………………………………………… 31
3．情報通信技術革新と女性労働 ……………………………………………… 34
　(1) 就業形態の多様化 ……………………………………………………… 34
　(2) IT化の進展による就業形態の変化 …………………………………… 35
　(3) IT化の影響と女性労働の方向 ………………………………………… 36

Chapter 3　IT化の進展と女性労働の多様化 —テレワークの可能性

1．IT化の進展と労働構造の変化 …………………………………44
(1) ネットワーク社会の到来と就業の柔軟性 …………………44
(2) 就業形態の多様化とテレワークの可能性 …………………45
(3) テレワークの定義と基本概念 ………………………………47
(4) 日本と欧米のテレワーク発展過程 …………………………49

2．テレワークと女性労働環境の革新 ……………………………54
(1) 就業期待の増大 ………………………………………………54
(2) インターネット利用者の増加とテレワーク ………………56
(3) M型就業パターンとテレワーク ……………………………58

3．テレワークの対応と推進要因 …………………………………60
(1) テレワークと労働環境整備 …………………………………60
(2) テレワーク推進要因 …………………………………………61

Chapter 4　テレワークとしての在宅ワークの進展と女性の就業機会

1．テレワークの進展と在宅ワークの普及 ………………………70
(1) テレワーク人口の増加とテレワーク実施企業 ……………70
(2) 在宅ワークの形態と期待 ……………………………………75

2．在宅ワークの選択：仕事と家庭の両立 ………………………79
(1) テレワークへの関心と実態 …………………………………79
(2) 在宅ワーク選択理由 …………………………………………80

3．在宅ワークの課題 ………………………………………………82
(1) 在宅ワーカー・企業の課題 …………………………………82
(2) 公的・第三者的民間機関の設置 ……………………………84

Chapter 5 仕事と家庭の両立支援とIT化の実態 —ファミリー・フレンドリー企業の聴取調査と栃木県内企業へのアンケート調査結果から

1. 女性の働く環境の問題点 ……………………………………………88
   (1) 育児・家事・介護の負担 ……………………………………88
   (2) 育児に関する実態調査（栃木県） …………………………89
2. 育児支援施策の充実 ………………………………………………91
   (1) ファミリー・フレンドリー企業への聴取調査 ……………91
   (2) 4社の聴取調査結果 …………………………………………97
3. 地域（栃木県）における女性労働とIT化の実態——テレワークの可能性 98
   (1) 調査の背景と課題 ……………………………………………98
   (2) 調査対象・方法と調査概要 …………………………………99
   (3) 栃木県内企業におけるITの活用実態 ……………………101
   (4) 栃木県内企業のインターネット活用状況 ………………104
4. 栃木県におけるテレワークの可能性 …………………………107
   (1) テレワークへの期待と実施状況 ……………………………107
   (2) テレワーク導入のメリット …………………………………109
   (3) テレワークと「仕事と家庭の両立」促進の可能性 ………110
   (4) 在宅ワーカーの活用 …………………………………………111

Chapter 6 就業形態の多様化と仕事と家庭の両立

1. 就業形態多様化と雇用の非正規化 ………………………………118
   (1) 非正規社員の増大 ……………………………………………118
   (2) 準正規社員制 …………………………………………………121
   (3) 非正規雇用（パート）の日米欧比較と日本の雇用慣行特性 …123
2. 女性の社会参画とテレワーク ……………………………………126
   (1) 女性の社会参画とテレワークの可能性 ……………………126

(2) ブロードバンドによるネット化社会と女性の就業 ……………………127
 3．「仕事と家庭の両立」型就業形態としてのテレワーク（在宅ワーク）128
   (1) テレワークに対する期待 ………………………………………………128
   (2) 仕事と家庭の両立支援施策とテレワーク（在宅ワーク） …………131
   (3) 女性労働問題の解決とテレワーク（在宅ワーク）
         ——仕事と家庭の両立を図る日本モデル構築のための課題 …………132

Chapter 7　電子社会と女性労働の展望 —M型就業曲線の改革

 1．電子社会の進展と女性労働環境の変化 ……………………………………140
   (1) 電子社会のインパクト ……………………………………………………140
   (2) 大都市と地方のデジタル乖離 …………………………………………141
 2．女性労働問題への取り組み ………………………………………………142
   (1) 従来の女性労働問題の取り組みの枠を超えた政策的視点の必要性 …142
   (2) 21世紀における労働政策の取り組み姿勢
         ——米国連邦政府の動向とテレワークの展望 ………………………144
 3．電子社会システムとテレワーク普及のための政策提言 ………………147
   (1) 仕事確保のための組織化・共同化 ……………………………………147
   (2) 経済的安定性の確保とビジネス・ルールの確立 ……………………147
   (3) e-ラーニング体制の充実 ………………………………………………148
   (4) 家事・育児・介護支援システムの確立 ………………………………148
   (5) 公的・第三者的民間機関設置と役割分担の明確化 …………………148
 4．テレワークと今後の研究課題 ……………………………………………149

   おわりに ………………………………………………………………………151
   参考文献 ………………………………………………………………………153
   索引 ……………………………………………………………………………160

Chapter 1

日本の女性労働の特質と変貌

1. 日本企業の雇用形態と女性労働

（1）女性のライフサイクルとM型就業形態プロセス

　「雇用の分野における男女の均等な機会および確保等女子労働者の福祉の増進に関する法律」(以下「均等法」) が施行されてから17年が経過した．この間，女性の就業を取り巻く環境は大きく変化し，職域の拡大などさまざまな分野での女性の進出が図られている．保護と平等の兼ね合いなどをめぐり，産声をあげる前から同法には賛否が渦巻いてはいたが，施行当時バブル景気の煽りで，女性の雇用は予想を越える勢いで躍進を遂げた．また育児・介護休業法などの法的整備も進み，働く女性を取り巻く環境は，幾分は改善されつつある．

　しかし，日本女性の就業率を年齢階級別に表すM型曲線は，若干の変動はあるものの依然として変わらず，子供のいる就業を希望する女性は仕事を中断し，子供がある年齢に達すると非正規社員として再就職をするコースをたどるのが大半の姿である．すなわち，日本女性のライフサイクルは，"M型就業形態プロセス"（図1－1）に象徴される生涯をおくるといってもよいであろう．

　日本の女性労働力率（15歳以上人口に占める労働力人口の割合）曲線が，30〜34歳をボトムとしてM型を描くことは，欧米諸国の労働力率が台形型をとるのと比較して顕著な特徴である．このことは，日本では高校，短大，大学などを卒業後正規社員として就労するが，結婚後は出産・育児によって就労を中断し，末子が4〜6歳の年齢に達すると，育児期間後の再就職準備サイクルにさしかかる．そして末子が7〜9歳の年齢段階になって，ほとんどはパートの就業形態で就労に復帰するパターンをとる[1]．女性の雇用率もほぼ労働力率と同じようなM型を示すが，このことは，日本の女性の就業形態プロセスそのものが，女性のライフサイクルを描くものともいえよう．

　これまで日本女性が担ってきた育児や家事，あるいは性差的役割分担といった固定化した価値観は，女性の就業機会や働き方の選択肢を著しく狭めている．女性の就業継続を困難にしたり障害になる理由は，すなわちM型就業形態プ

1 ● 日本の女性労働の特質と変貌

図1－1　女性のライフサイクルとM型就業形態プロセス

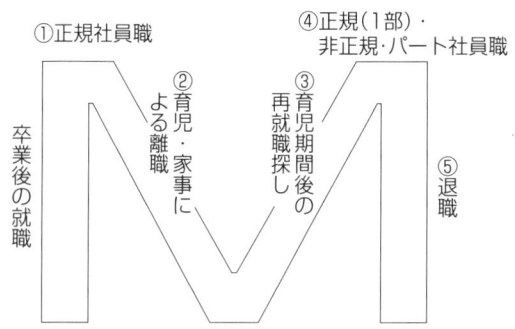

ロセスの一つ目の谷の個所で示されるように，育児や介護，家事，家族の無理解や反対，自分の健康，夫の転勤などのほかに未だ職場での結婚・出産退職の慣行や女性に対する性差的価値観，差別的扱いが残存するからに他ならない．その実態が"M"型という形で表され，就業継続を希望する女性は，M型就業形態プロセスを選択せざるをえないのが現状である．

なお，図1－1の"M"型曲線での女性のライフサイクルと就業形態プロセスの関係は，一般的に，

① 高校・専門学校・短大・大学・大学院終了後新卒正規社員として就業するステージ
② 結婚期を経て出産・育児のため離職する可能性の高いステージ
③ 育児期間経過後，主婦兼任で再就職準備ステージ
④ 主婦兼任で就業（パート，派遣，嘱託，テレワークなど）ステージ
⑤ 老齢期：就業終了期ステージ

という5段階のステージを経る．

(2) 日本的雇用慣行の特質と女性労働

　M型就業プロセスの背景には，日本企業にみられる雇用慣行，すなわち長期雇用制や年功序列賃金制（なお，日本的経営といわれる場合は企業別労働組合が加わる）などの日本独特の雇用の仕組みが根底にある．これらの制度や慣行は，高度経済成長においては企業の成長に見合う労働力の確保という合理的理論が反映されているとの見方もある（八代尚宏，1999年）．しかし，雇用者数全体に占める女性の割合は，1997年（平成9年）では2,127万人（39.5％）と32年間で2.3倍と量的には増加しているものの（図1－2），女性の地位向上・キャリアの実現は，日本独特の雇用慣行により妨げられ，女性という「性」ゆえに広範囲にわたり差別の対象となってきたことは事実であろう[2]．

　以上を念頭において，敗戦によってどん底にあった日本企業を，1960年代から70年代において驚異的に回復させた「日本的雇用慣行」の特質を考察しながら，そのなかでの女性労働の位置づけをみていく．

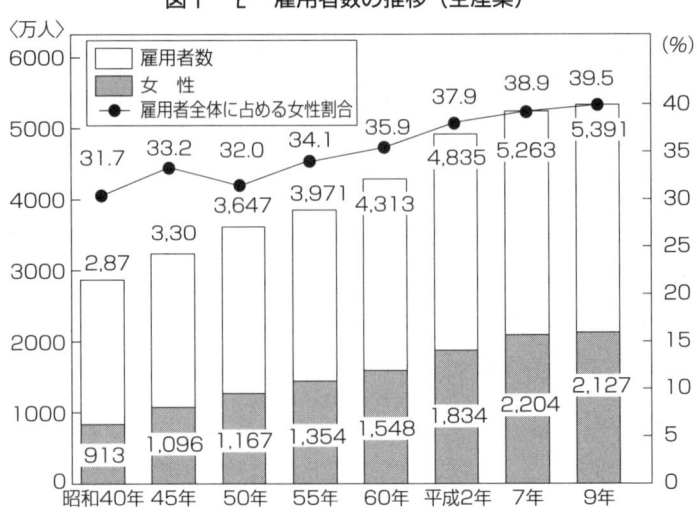

図1－2　雇用者数の推移（全産業）

資料）労働省女性局編『平成11年版女性労働白書―働く女性の実情―』財21世紀職業財団から作成．原資料は総務庁統計局「労働力調査」．

高度経済成長期に成立したといわれる日本的経営の特色は，雇用上の慣習特性として長期雇用制と年功序列賃金制度があり，さらに企業別組合がある．男性を中心とする企業の労働構成は，経営者と労働者の間の温情主義的な労使関係として促進され，日本独特の長期雇用制度を定着させた．技術革新や事業内容の変化に対応できるようにするためには，従業員に高度な幅広い技術や技能を習得させる必要があったからである．また，熟練した労働者が，企業間で引き抜き競争に巻き込まれないようにするためにも，企業内での教育と安定的な長期雇用システム，持続的な昇進・昇格が可能な雇用慣行が必要であった．

　この背景には，このシステムが柔軟性のある運用体制をとってきたことがあげられる．すなわち，経営不振に陥ると，企業内での残業を規制し配置転換や新規採用者を控え，系列グループ企業へ出向・転籍などの措置をとってきた．これは，失業を極力回避するための措置であった．このようなシステムの運用により，従業員サイドにも企業への強い忠誠心や帰属意識が生まれ，一度雇用されればよほどのことがない限り雇用は保障され，生活は安泰という「日本的」と称される雇用慣行が成立していった．

　また，もう一つの特色である年功序列賃金制度は，年齢または勤続年数の増加にほぼ比例して賃金が上昇していく制度である．この制度には，従業員を一企業に定着させようとする経営者側の考えがあったことは確かであろう．従業員が一企業に定着すると，従業員に対して企業独自の技術に応じた熟練が形成され，それに対応した昇進制度が生まれる．賃金を勤続年数とともに上昇させていくこのシステムは，従業員の生計費を保障し同時に従業員の一企業への帰属意識と能力向上には最適である．勤続年数の上昇と熟練の形成が相互に関連しながら，賃金の増加という年功序列賃金制度が確立していくのである．

　これら企業の中核である男性労働を対象とする長期雇用や年功序列賃金制度は，企業の家庭生活の保障を約束するものであり，それとの引換えに企業への忠誠心と帰属意識を植えつける作用を企業は期待し，雇用される側も安定・安心が得られる構図をつくりあげたといえよう．

　このような保障と恩恵の制度と精神風土は，夫は職場で懸命に働き，妻は夫

が仕事に専念できるように家事，育児を行う役割分担，すなわち，「男は仕事，女は家庭」の価値観と仕組みを定着させていったのである．

　なお，日本的経営の視点からみるならば，企業別労働組合も日本的雇用慣行に関係のある特色である．企業別組合は，労働者が職種の範囲に制限されず，企業内のさまざまな職種に自由に配置転換されることにより，熟練形成の範囲の拡大が可能となる．企業あっての組合として労使関係協調の意識が育ちやすい．長期雇用制度と年功序列賃金制度は，労働者の企業への帰属意識を育て，さらに企業の各々の事情に見合った労働条件などを決めるには，企業内組合は労使が協力して問題解決にあたるといった考え方を持ち，それが経営者・労働者双方の利益に一致した．

　企業別組合は大企業中心に組織され，小規模・零細企業で働く者や短期・臨時労働に従事することが多い女性は，組合保障の枠外に置かれていた．

　日本経済は，戦後50年，さまざまな危機を乗り越えながら経済発展を遂げてきた．政府の適切なマクロ政策，労使の自主的な賃金決定，技術革新による産業構造の転換を推し進め，インフレを克服し失業率も1％台で推移するなど，その背景には「日本企業の雇用形態」と呼ばれる独自の制度的枠組み，慣行が存在したからに他ならない[3]．

　既に述べたように安定した雇用関係の恩恵は，大企業の正規社員のみが享受できるものであり，小・零細企業で働く人びとや女性労働者にとって無縁である場合が多い．出産・育児によって就業継続を中断せざるをえない女性，短期間雇用の対象として補助的な職場，仕事に就くことが多い女性にとって，長期雇用や企業教育・訓練などによる熟練度の向上，就業年限を基本とする管理職への登用と賃金ベースの上昇，組合による長期保障などからは程遠い立場にあった．

　こうした日本的雇用慣行のもとで，雇用面における女性労働の不均衡解消については，1985年（昭和60年）の均等法を待たなければならなかった．均等法は，雇用機会や待遇を均等にする目的で，募集・採用・配置・昇進などにおいて男女間の差が出ないようにすることを事業所に義務付けた．しかし，それは

努力義務であることなどから，積極的に女性能力の活用や登用を進めた企業は少なかった．90年代に入って就業の多様化に相応しく，女性就業機会の拡大を促すねらいで改正均等法が施行された．90年代に至って仕事と家庭の両立を図り雇用機会の平等を促進するために，改正均等法以外に育児・介護休業法，男女共同参画社会基本法など法的整備が進んだことは評価できる．

2．女性労働の推移と特性

（1）女性労働力の推移

　高度成長期以降の女性労働力の供給構造変化をみると，1965年（昭和40年）の女性雇用労働者に占める有配偶者の割合は38.6％に過ぎず，未婚者は50.3％であった．また，女性雇用労働者の平均年齢は26.3歳，30歳未満の割合は63.0％であった．この時期は，未婚の若年女性を，短期的なサイクルで回転させていく雇用管理に特徴を見出すことができる．さらに，1975年（昭和50年）までの10年間の推移をみると，有配偶の割合が51.3％，平均年齢も33.4歳と上昇し，30歳以上が57.1％，35歳以上も47.6％と，この時期になると中高年・既婚女性の増加が著しい．労働市場は，伝統的若者未婚型の構造から中高年既婚型の構造へと変化していく（図1－3）．これは企業の採用方針の変化と関連性がある．すなわち，経済成長期の労働力不足に対応するために，新規学卒者以外の女性の採用，採用時期，採用年齢の柔軟性，既婚者の雇用，パートタイマーの採用などを積極的に推進したことによる．

　とりわけ深刻化する労働力不足を補う手段として，パートタイマーが採用されたことは，中高年既婚女性を労働力として活用する絶好の機会となった．また，1970年代以降日本の女性労働の特徴は，パート型就業者[4]が多いということである．総務庁「労働力調査」によると，女性の短時間雇用者数は，1960年（昭和35年）には57万人であったが，10年後の1970年（昭和45年）には130万人，

さらに1980年には256万人と約4.5倍に増加した（図1-4）．高度経済成長期の家電ブームによる大型家電メーカーや大型量販店スーパーなどで，パートタイマーの採用を積極的に行った背景要因がそこにある．若年未婚層は，正社員として事務・運輸通信・製造業に集中し，中高年既婚層は，臨時の販売員・製

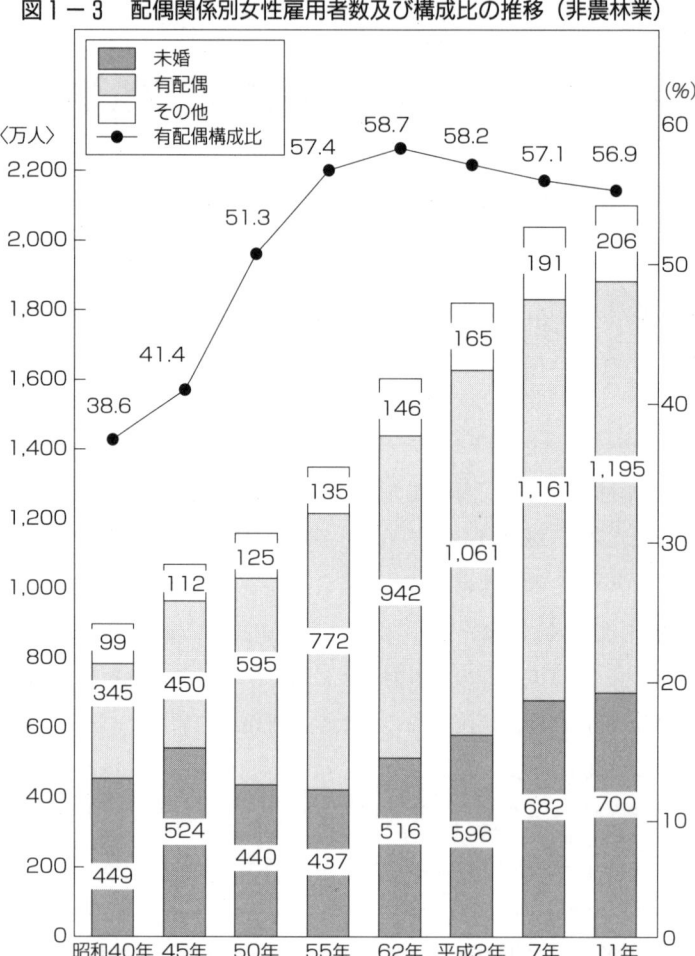

図1-3　配偶関係別女性雇用者数及び構成比の推移（非農林業）

資料）労働省女性局編『平成11年版女性労働白書―働く女性の実情―』(財)21世紀職業財団から作成．原資料は総務庁統計局「労働力調査」．

1●日本の女性労働の特質と変貌

造作業・単純作業へ集中するようになる．その中高年既婚層を業種別にみると，製造業45.6％，サービス業33.8％，卸売・小売業12.6％で，なかでも電気産業と精密機器工業中心に増加していく．

この背景には，短期間の若年未婚労働者が，結婚・出産を期に退職する慣行

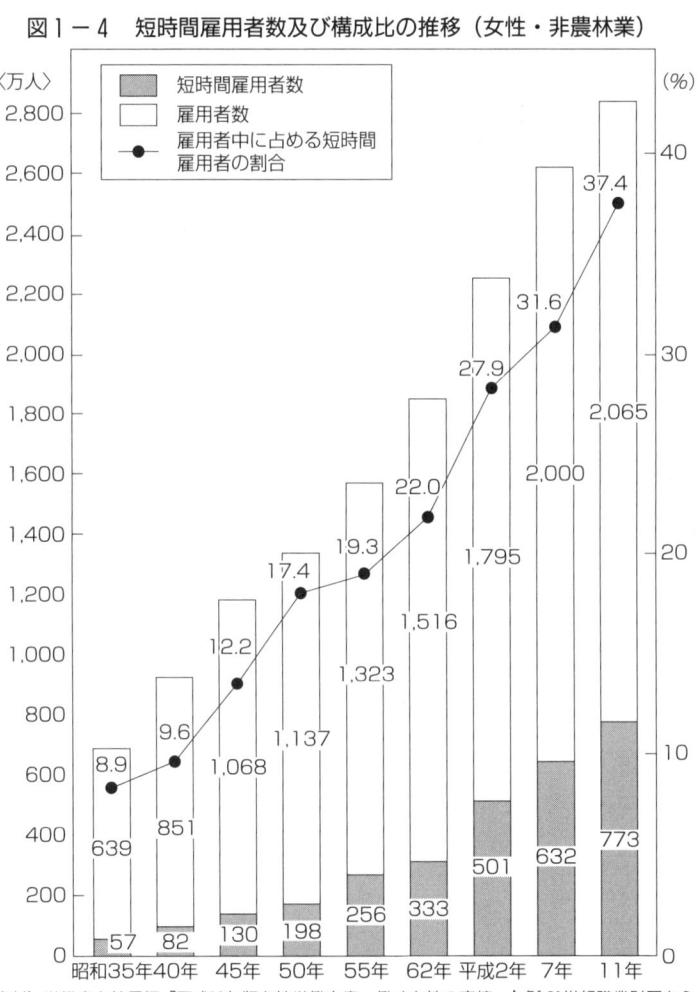

図1-4　短時間雇用者数及び構成比の推移（女性・非農林業）

資料）労働省女性局編『平成11年版女性労働白書―働く女性の実情―』(財)21世紀職業財団から作成．原資料は総務庁統計局「労働力調査」．

に対してそれを補うものとして，単純作業中心の中高年既婚層の増加があったと考えられる．この若年未婚層と中高年既婚層のセットでの雇用管理は，中高年既婚層の増大に貢献はしたもののその労働環境の改善にまでは行き届かなかった．反対に，パートタイマーという臨時の低賃金労働者の市場への参入は，女性労働に関して，特に正規社員とパートタイマーなど非正規の分離固定化を促したといえる．

　高度経済成長期には，いわゆる性別役割分業に基づき，妻の家事労働に支えられ，夫は世帯主として日本的雇用慣行システムのなかで雇用が保障されることになる．妻は，育児・家事労働を主たる役割とし，就業希望があるにせよ，就業を中断するかあきらめ，その後必要に応じてパートタイマーの就業形態で再就職を容認せざるをえなかった．短時間パートでみると，女性の場合，40～49歳が35.3％と最も高く（男性の場合20～29歳　45.2％が最も高い），次いで50～59歳，30～39歳ともに21.2％である．本章冒頭の"M"型就業プロセスでも述べたように，女性が育児を終えて再就職する場合，パートという非正規社員として就業する形態が多いことがわかる（図1－5）．

　高度経済成長期における日本的雇用慣行は，労働に対する伝統的価値観である「男性は外で働き，女性は家庭を守る」家庭内性別役割分担のもとで，働き手の中核としての男性労働者と補助的単純作業の女性パート労働者の雇用ミックス構造システムにより支えられてきたのである．

　高度経済成長期を通じて順調に増加してきた雇用者数も，第一次石油危機直後（1973年）に初めて減少に転じた．原油価格が4倍に跳ね上がり，原油供給量は半減という厳しい状況に直面し，企業は人件費節約の措置をとった．その際の人員整理は，まず女性労働者からであった．女性労働力は，不況時には市場から引退を余儀なくされ非労働力化となり，好況時には労働力化する，利便性のある労働力の調整的役割として流動的に活用されてきたのである．雇用調節的役割の女性が，失業者として労働市場にとどまらず家庭に戻ることができたのは，不況期でも世帯主の雇用が保障される日本企業の雇用形態の慣行による面が大きい．こうして高度経済成長のなかで，より強固な日本企業の雇用形

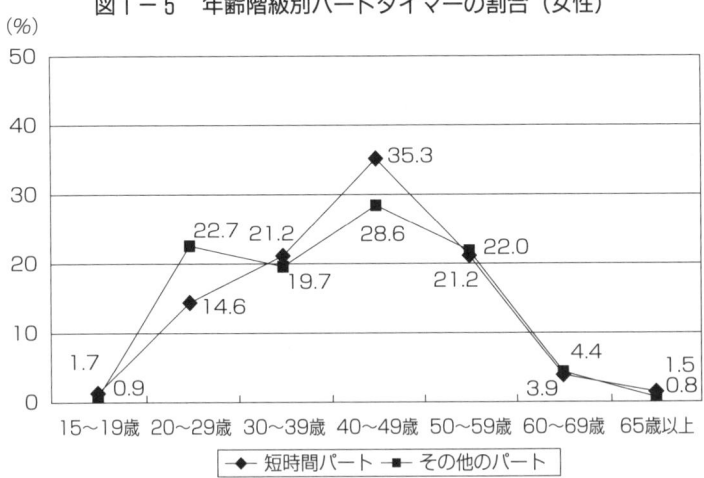

図1-5 年齢階級別パートタイマーの割合（女性）

資料）厚生労働省大臣官房統計情報部雇用統計課「平成11年就業形態の多様化に関する総合実態調査報告書」平成13年より作成.
注）短時間のパート：いわゆる正社員より1日の所定労働時間が短いか1週の所定労働日数が少ない者.雇用期間は1カ月を超えるかまたは定めない者.
その他のパート：いわゆる正社員と1日の所定労働時間と1週の所定労働日数がほぼ同じ者.雇用期間は1カ月を超えるかまたは定めのない者でパートタイマーその他これに類する名称で呼ぶ者.

態が定着し，安定した労働環境を形成するものとして世界からも注目されるようになる．しかし，日本企業の雇用形態のなかでは，女性は重要な役割を担うという存在ではなかったのである．

1975年頃になると，マイクロ・エレクトロニクス（ME）によるコンピュータや通信技術などが導入され，短期間に輸出競争力と生産性向上が強化される．合わせて，経済サービス化に伴う第三次産業の増加により，既婚女性労働者のさらなる活用を導く結果となる．その背景には，核家族化の進行による子供の減少，電子レンジなどの電化製品の浸透による家事労働時間の短縮，夫の収入減に伴う家計補助費の捻出，女性の高学歴化などがあげられる．

さらに，女性雇用管理をめぐる諸変化のなかで，女性労働をこれまでの「補助的単純作業者」「回転率の高い安価な労働者」という固定観念で雇用することは，企業にとってもマイナスであることが指摘されるようになる．

その理由の一つには，女性の勤続年数の長期化に対する企業の対応の必要性が生じたことである．年功序列型賃金体系の企業は，女性を補助的単純作業者として雇用することは，賃金コストの上昇を招く心配がある．不況期にも，短期で退職しない女性に，従来のような補助的単純作業をさせておくことは，企業にとってコストがかかることになる．女性雇用者の平均勤続年数をみてみると，1960年（昭和35年）は4.0年，1970年（昭和45年）は4.5年，1975年（昭和50年）には，5.8年に上昇する．勤続10年以上も，70年代には9.9%から75年には17.5%と増大している．

　二つには，情報機器の導入により，事務が合理化されつつあるにもかかわらず，女性労働をこれまでの補助的単純作業者としてのみ雇用することは，企業にとって割高コストにつながる．女性労働をいかに活用していくか，雇用管理のあり方を根本的に変革することを企業が迫られることになる．

　三つには，女性の就業意識の向上があげられる．高学歴化に伴い専門職・管理職への雇用を希望する女性が増加してきたことである．企業側も，能力のある意欲的な女性の雇用を歓迎し始めた．

（2）女性労働の特性

1）M型就業形態プロセスにみる女性労働力率

　日本の女性労働力率は，1998年（平成10年）と比較して0.5ポイント低下したとはいえ，1999年度（平成11年）が49.6%であり，平成元年の49.5%，その後の50%台の推移をみると約5割の水準にある[5]．

　さらに，女性労働力率を年齢階級別にみると，20～24歳層（72.7%）と45～49歳（71.8%）をそれぞれピークとし，30～34歳層（57.1%）をボトムとするいわゆるM型曲線を描くのが，日本と韓国の女性労働力率の特徴である．1990年（平成2年）と2000年（平成12年）の比較でみると，このM型曲線の傾向がボトムの上昇（30～34歳　1990年51.7%→2000年57.1%）により，やや平準化の様相を示している（図1－6）．

　有配偶関係別にみてみると，未婚女性の労働力率は62.2%，有配偶では49.7

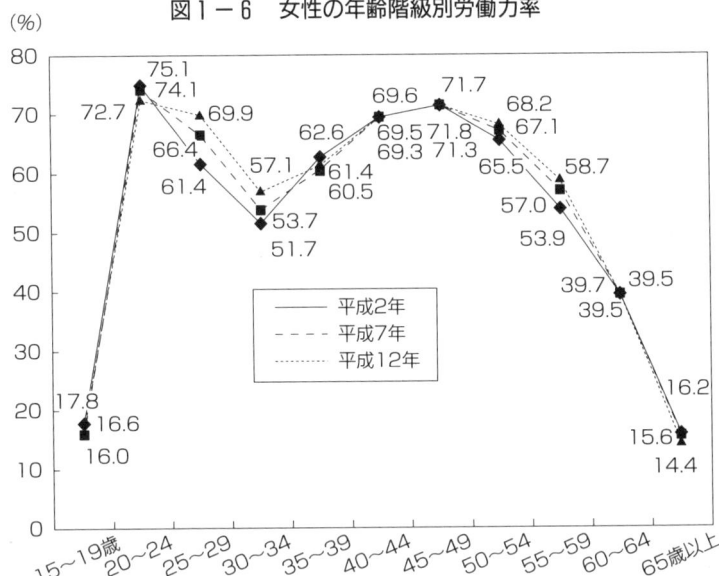

図1-6 女性の年齢階級別労働力率

資料）労働省女性局編『平成11年版女性労働白書―働く女性の実情―』(財)21世紀職業財団から作成．原資料は総務庁統計局「労働力調査」．

％となっている．未婚女性の労働力率は上昇傾向にあったが，2000年は横ばい状態であった．有配偶を年齢階級別にみると，30〜34歳，35〜39歳層では低下傾向が続いているが，25〜29歳層，50〜54歳層では上昇している（図1-7）．

改正均等法，育児・介護休業法，男女共同参画社会基本法など法的，制度的に女性の就業機会や社会，企業などにおける地位の向上を図るための環境は整備されつつあるが，現実の仕事・家庭あるいは地域社会の場では性差的意識，価値観が根強く残っており，解決・改善すべき問題も依然として多くみられる．

ここで主要先進国との比較で前述した問題を抱えている日本の女性雇用の環境実態を考察してみる．まず，主要先進国との比較で労働力率をみると，1998年（平成10年）の日本の女性労働人口は2,767万人で，労働力率は50.1％である．図1-8に示されているように，20〜24歳でピーク（73.4％）であった労働力率は，25歳〜39歳で落ち込んでいる．特に30〜34歳では出産・育児期にあ

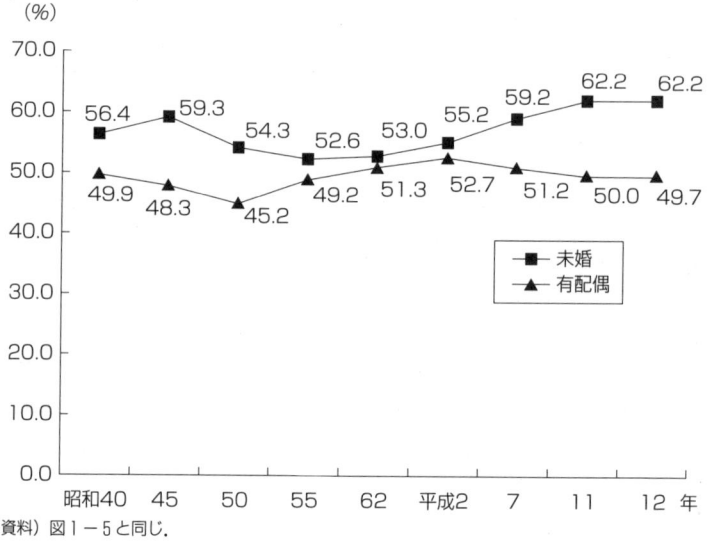

図1-7　配偶関係別女性労働力率の推移

資料）図1-5と同じ．

たることが多く急激に下降（55.8%）し，いわばM型のボトムを形成しているわけである．

　他方，25～29歳，30～34歳，35～39歳の各年齢階級別労働力率をみるならば，アメリカは77.3%，74.9%，76.6%，スウェーデン76.9%，81.4%，85.6%，フランス82.1%，80.6%，80.7%，ドイツ74.4%，73.5%，75.3%であり，日本と比較して平均10～30ポイント近くの差がある．また，OECDの調査によると，先進諸国の女性労働力率[6]について，25～54歳の子育て期間を含む年齢階級でみると，フランス，ドイツ，イタリア，日本は，10年間でそれぞれ，5.5，11.6，5.2，2.2ポイント上昇している．25～54歳では日本の女性労働力率の増加率は，2.2ポイントとわずかであるが，15～24歳までの雇用率が低下（43.0%から42.9%）しているなかで，雇用率（62.9%から63.6%）を含め増大していることは確かである[7]．

　しかし，総合的にみて，20～24歳ではほぼ同比率にもかかわらず，それ以後の10～15年間の比率が下降する．つまり離職しなければならない日本特有の状

1●日本の女性労働の特質と変貌

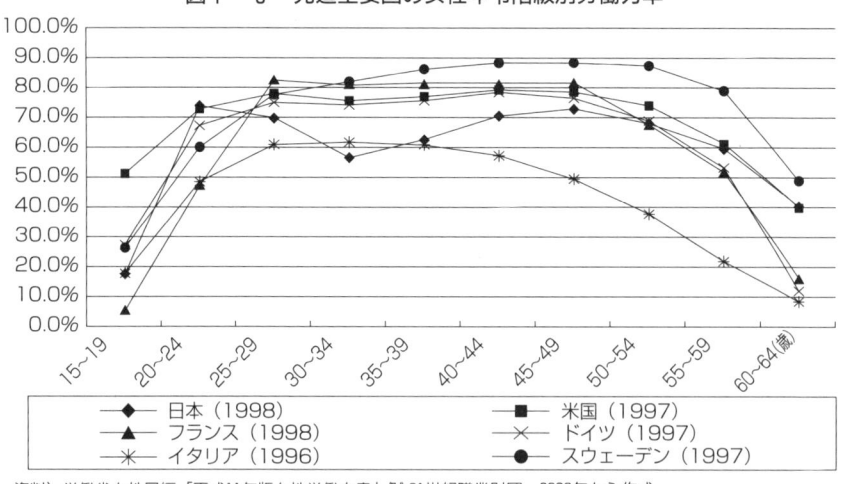

図1-8　先進主要国の女性年令階級別労働力率

資料）労働省女性局編「平成11年版女性労働白書」(財)21世紀職業財団，2000年から作成．

況は，労働力不足あるいは人材活用への対応から，労働の機会損失的要素を取り除くためのなんらかの政策が必要であろう．

注

1 厚生労働省「平成11年　就業形態の多様化に関する総合実態調査報告」によると，女性の場合短時間パートは，40～49歳で35.3％と最も高く，次いで30～39歳，50～59歳の21.2％である．
2 藤井治枝・渡辺峻共著『日本企業の働く女性たち』ミネルヴァ書房，1998年，3-4頁．
3 Mary C. Brinton, "Women and the Economic Miracle-Gender and Work in Postwar Japan", University of California Press, 1993, pp.13-18.
4 日本のパートタイム労働者とは，実労働時間が休業者を除いて35時間未満の者をいう．
5 平成11年度版『女性労働白書』㈶21世紀職業財団，付表１．
6 OECD "Employment Outlook June 2000".
7 竹中恵美子，久場嬉子編『労働力の女性化』有斐閣，1994年，5-8頁．先進国における女性労働の急増は，その背景に労働価値観の変化，女性自身の意識変化，高学歴化がインパクトを与えていると思う．いわゆる，文化的側面の変質が最大の要因である．

Chapter 2

女性労働の研究と
IT化に伴う
女性労働展望

1．均等法施行以後の女性労働の研究

　女性労働の先行研究は，主として労働経済学・経営学，ジェンダーを視点とする社会学，および法学・政策学的視点からなされるのが一般的である．本書では，均等法以後の女性労働に焦点を合わせ研究の流れについて考察する．

　均等法の改正（1999年施行）が行われ，育児・介護休業法（1999年施行）や男女共同社会基本法（1999年施行）などの法的整備も進み，確かに，働く場で生じている男女差を積極的に改善しようという傾向が強まっている．しかしながら，日本女性の労働力率は，若干の変動はあるものの欧米と比較するならば，依然としてＭ型曲線は変わらない．

　均等法施行以後の女性労働に関しては，その研究視点は，施行以後の女性雇用への影響と問題点の解明に向けられているといえよう．近年の能力主義的な働き方が注目されるなかで法整備の時代を迎え，女性の働く場での活躍の機会や働きやすさが明確なかたちで実現されつつあるかというと一抹の疑念を抱かざるをえない．先行研究もこの疑問の解明に努めている．

　また，就業の多様化の進展は，均等法によってはずみをつけられたといわれるように，女性の非正規労働化を促進した．女性の非正規労働化のなかで多くを占めるパート，最近増加傾向を示している派遣・契約社員の問題は，正規社員に比較して賃金を含めてその処遇の低さ，不安定さにある．非正規労働の研究は，以上の処遇面での不均衡の要因を，社会・経済的視点から分析し，さらに，女性の就業行動に関連する慣行，文化・心理的的視点にまで着目し，分析していることもあげておきたい．

　さらに，本章ではIT化の進展が，就業の多様化，非正規化の増大と相まって女性労働にどのような影響を与えるかに着目し，その先行研究に焦点をあてた．なかでも「テレワーク」という就業形態が女性労働への影響に関する研究は，端緒に就いたばかりといえよう．

(1) 均等法以後の女性労働の実態と就業形態に関する研究

　女性の就業形態に関する研究は，本来「女性労働」あるいは「女性雇用」の範囲で論じられることが多い．また，就業形態を含めた「女性労働」の視点からの研究については，社会政策的視点や労働経済ないしジェンダーという社会学の視点から考察されてきた．
社会政策や社会学視点と比較して，女性労働の「経営学的フレーム」での分析例は少なく，あってもほとんどが近年の成果である[1]．しかし，日本の女性の地位や立場は，働く場，すなわち職場において最も顕著に浮き彫りにされるところから，また，今日の企業経営において，女性労働の能力活用が強く要請されているところから，経営学的視点からの女性労働の分析・考察は，歴史的必然性をもつものといえよう．

　日本の女性労働の特色であるＭ型就業を視野に入れ，明治以降の女性労働についての概観を踏まえた上で，均等法以後の問題点，均等法施行の影響を総合的に考察し，Ｍ型就業の意味を日本の雇用慣行や制度・政策的な視点から捉えたものとして大森の研究[2]があげられる．

　この研究のなかで，均等法施行以後も労働力率のＭ型曲線傾向が維持されているのは，依然として家庭の責任が，女性の肩に科せられていることによるとしている．また，高度経済成長期以降のパートタイマーの活用やＯＡ化に伴う派遣社員の増大など就業形態の多様化傾向を指摘するとともに，その多様化の進展と相まって女性労働の階層化についても言及している．

　女性労働の階層化[3]については，「職業・職種」や「学歴」，「労働条件」さらには「意識」すなわちジェンダーといった周辺まで考察して解明していく必要がある．女性労働の非正規社員の２大階層化として「専門職型」と「一般労働型」[4]の２大区分は適切だと思う．しかし，問題は階層化の進展が，Ｍ型曲線の特性にどのように影響を及ぼすのか，その要因は何かさらに追究する必要があろう．また，階層化が労働条件のジェンダー再生産をもたらす危険があるのかどうか見極めなければならない．なお，女性労働白書（労働省女性局編，平

成11年版)[5]では，大学および大学院卒の場合，女性の学歴，年齢階級別労働力率に関して，1989年（平成元年），1999年（平成11年）ともに卒業後20～24歳層では，90％以上が就業することから，従来のM型曲線を描かず「きりんの首」のような曲線を描く．そこで，日本の女性労働力率を「きりん」型と表現している．大卒女性の場合，必ずしもM型を描くライフパターンとはいえないことを示している．M型，きりん型いずれにしても，その変化の背景にある大卒女性の就業意識や行動の変化に関しては，今後とも注目せざるをえない研究課題である．

日本型企業社会と家族問題の観点からの研究[6]としては，従来の日本型企業社会の構造を支えてきた性別分業が，その構造の変化とともにその解体が迫られているとし，日本の労働市場で差別されてきた女性労働問題は，日本型企業社会のパラダイム転換に伴ってどう取扱うべきかという課題が投げ掛けられている．

また，「生活」を「労働時間」という面に絞り，日本とドイツ双方の生活のなかで労働時間，フレックス・タイムなどを中心に日独双方の就業形態の柔軟性比較を通して，社会的制度のあり方，家族，家事・育児・介護の問題などについての研究[7]にも注目したい．いわば，労働時間から生活のあり方を探究し，「より人間らしい生活」に向けて「仕事と家庭」の問題に焦点を合わせたものである．今日，生活の視点から労働のあり方を考える傾向がみられるようになってきているが，労働面に生活概念を投影させた研究の先駆性に注目したい．

1960年代以降，全体の労働力中に占める女性労働力の増加，職場への女性の進出参加をして「労働力の女性化」として竹中・久場[8]の研究著書がある．日本や欧米先進国だけでなくグローバルに進んでいる労働力の女性化の背景および現状を考察しつつ，欧米先進国との比較分析を通して日本の労働，雇用の特質について追究している．特に，非正規労働形態のなかのパートタイマー労働に関して，EU諸国と日本のそれを比較研究している．EU各国のパートタイム労働についての保護法制，平等政策にそれぞれ違いがあるものの，日本のパートタイマーに比して賃金そのほかの基本労働条件において，フルタイマー，

パートタイマー平等の原則が貫かれているとしている．日本における平等の原則が，欧米先進国に比べて遅れているとみなされる背景には，家事・育児や介護責任が，女性に偏る伝統的な性別分業の慣行に根付いているという説は説得力がある．日本の女性労働の問題は，ジェンダーの視点にまで切り込まなければ解明できないということがわかる．反面，性別分業の再編成による働く女性のための新しい仕組みづくりについて，理念や方向レベルでは示されているが，具体的な政策策定については課題が残されている．

女性労働に限定してはいないが，就業観，就業意識の観点から今田の研究[9]がある．勤労意識の視点から女性労働に対する諸制度，支援策のあり方の展開について課題を投げ掛けている．また，勤労意識について，日本的雇用慣行，日本の産業社会における分配原理および生活意識の3要素から勤労意識について分析し，終身雇用と年功制を支持する層と自己啓発型の能力開発を支持する層の二極化に分岐すると指摘している．女性就業者，テレワーカーについても勤労意識の点から二極化が予想されるが，日本型雇用慣行の変化がどのような影響を及ぼすのかという点の研究方向が示されているといえる．以上，いずれも1986年4月の均等法施行後の女性労働について，実態とその影響や効果に焦点を置いた研究である．

経営史の立場から，藤井は女性労働の実態や働く場（企業）での問題状況を，戦前から戦後の高度成長期を通じてバブル崩壊後の時代に至るまで，社会・経済，産業構造の変化を背景に分析研究[10]している．特に，日本型企業の変貌と女性労働への影響については，事務のOA化や就業形態の多様化の視点から考察している．なお，均等法については，施行後の女性労働活用の実態を「婦人労働問題研究会」の調査に基づいて分析・論述している．結論としては，均等法が女性の労働条件の改善・解決に期待するほどの効果をもたらしたとはいえず，むしろ労働基準法改定やコース別管理の導入によって，仕事と家庭の両立の困難さや職場の人間関係の問題などが発生し，同時に就業の多様化を進展させていると述べている．

さらに，女性労働の多様化について，まず女性の就業形態が男性のそれと異

なり，ライフサイクルに沿って推移し，女性就業者の大部分が出産・育児に伴う就業中断のプロセスを採り，女性が男性に比べて非正規労働の割合が多い要因を就業中断再就職にあるとしている．再就職としては，ほとんど非正規労働に従事することになりそれもパート就業形態を採る．また，パート就業形態も多様化が進展しているとし，単に勤務時間の長短だけではなく，専門職パート，昇進の可能性の余地が大きいパートなど職域や待遇の多様化について述べている．情報処理を担当する派遣社員の増加に関連して，後述するテレワーカーの前身というべき在宅プログラマー，オペレーターの存在にも触れている．この研究で述べられている正規，非正規いずれの形態にせよ，管理者，あるいは中堅社員として基幹業務や専門業務に従事する女性とパートとして単純労働に従事する女性の二極化の進展がみられるという示唆は，テレワーカーの就業形態の変化や多様化を研究する際の参考になろう．さらに，有能なパートについては，昇進可能性のある就業形態や一般のパートについても時間，職種によって雇用・就業形態の多様化が進むと指摘している．

　女性労働を直接メインテーマに取り上げたものとして，熊沢の「女性労働と企業社会」[11]がある．労働のジェンダー状況を，近年，新しいジェンダー観として浮上してきた男女共生社会の視点から，実態と変化と改革方向を示唆している．また，短期勤務，定型または補助的業務，低賃金の日本固有の女性労働の特殊要因を，三位一体論として展開している．日本の女性労働環境を特徴づけるM型曲線については，M字のボトムにあたる年齢階級（20歳代後半～30歳代半ば）が80年代半ばから底を上げる傾向にあるとし，家庭および子供を持つ女性が働くことを選択することが常態になっていると述べている．反面，依然として非正規社員としての女性の増大について考える際，均等法や労働基準法の改正など法的整備の進展および能力主義的管理の強化と非正規社員の急増の今日的動向を踏まえることの必要性を説いている．このことは女性労働研究の重要な視点といってもよいであろう．特に，能力主義が，元来，競争原理の土壌が薄かった日本の労働環境風土にどの程度浸透するのか研究する必要があるが，女性労働に関連して能力主義管理への導入転換を考察する場合，社会的，

文化的，生理的存在としての女性にどのようなインパクトを与えるのか興味がある．

能力主義管理の導入とともに，グローバリゼーションの進展も女性労働に影響を与えるという視点からの研究[12]もある．内容としては，従来の女性労働を取り巻く日本の特性と問題点指摘の部分が多く，ややイデオロギー的色彩が濃いと思われるが，今後の研究課題としておきたい．

女性労働の主要な課題でもある仕事と家庭の調和の観点を，日本・オランダ・アメリカとの国際比較を活用して，両立のための日本モデル構築を示唆した研究成果として前田の研究[13]があげられる．仕事と家庭の調和を実現するための政策的観点を提示している．

なお，近年，政府刊行物においても，平成11年度の国民生活白書[14]では，「雇用環境」の変化を取り上げ，生活スタイルに合わせた就業形態を選ぶ傾向が高まっていることが指摘されている．女性就業者の増加についてはその背景要因として，家事関連サービスの外部化の進展，育児・介護などに対する社会的支援の高まりがあるとしている．仕事と家庭の両立に関連してオランダ・モデルも紹介している．また，情報化の進展にも触れ，時間，場所に制約されない就業形態の進展なども取り上げている．

（2）非正規労働（パート労働）に関する研究

就業形態の多様化は，女性労働市場にあっては非正規労働の増大を意味する．非正規労働の増大は1970年代後半から顕著にみられる．増大要因としては産業構造や社会構造の変化があげられよう．すなわち，サービス産業におけるファースト・フーズや流通産業の発展は，時間や曜日によって仕事の繁閑の差があるところから就業の弾力化を要請し，曜日や時間を柔軟に担当できるパートを主体とした非正規労働の需要を旺盛にした．また，1970年代後半以降の経済低成長期への転換，80年代以降の競争の国際化などによる経営効率向上を狙っての労務コストの削減からの必要性もあげられる．

さらに，供給側の働く女性側からみれば，家事の合理化などによる余裕時間

の増加，専業主婦化より働くことへの意識の転換，家事・育児に支障がない就業形態としてパートの選択などの諸要因が強く作用している．今日，日本の産業は，非正規労働者の支えなくしては経営維持が難しい現状になっているといえよう．

　非正規労働の実態把握については，古郡の「非正規労働の経済分析」[15]がある．今後の労働市場における非正規労働の実態分析に焦点を当て，労働市場の多重構造，いわゆる就業形態の多様性に着目するとともに，特に，非正規のなかで構成比の大きいパートタイマーに焦点を当て，その実態分析を行っている．女性の就業行動については，既婚女性を取り上げデータに基づいて就業行動変化を分析している．近年，女性の就業行動は，第三次産業を中心に非正規労働力として増加している．女性の就業と差別では，「経済的差別」論に基づいて，男女間の賃金，職種，雇用機会の差別について考察し，その差別実証の解明の難しさを指摘している．性別分業慣行について，社会的慣行としての家計内の男女分業による補完的関係が職場に持ち込まれたとする説は説得力がある．なお，注目したい点は，「非正規就業の正規化」の提案である．非正規労働が，今後の経済・社会・産業あるいは個人の価値観としてもニーズが高く，受容性の可能性が大きいという観点から，正規労働者として労働に応じた適正な処遇と身分保障を行い「正規化」を図っていく努力の必要性を述べている．なお，「働くことの経済学」[16]でも，非正規労働の労働条件について考察し，特に，身分不安定な状況を改善するために社会保障制度の整備について論じている．この点はわが国の非正規労働の主要課題であり，テレワークの研究においても将来課題として重要と認識している．

　就業形態の多様化を，能力主義管理の進展から考察している研究については前述した．これに関連して非正規社員について「高度専門能力開発型」と「一般労働型」に二分し，その上で，能力主義管理強化の関連で非正規社員のあり方についての見解があり[17]，前述した今田の勤労意識の二極化に共通した観点がみられる．

　女性の非正規労働，主としてパートに関して性差別やジェンダー，家事労働

が女性に集中し、その裏面に男性の長時間労働があるといった家族単位の問題から追究している伊東の研究[18]で述べられているように、日本の女性労働問題の多面性および経済社会、産業から家庭・個人に至るまでの複雑に絡み合った問題の根深さを感じられずにはいられない。パート問題に対しては、「単なる低賃金問題であるとか雇用形態区別問題ではない。家族単位制ゆえの性差別の問題（女性は家計補助的な賃金でよい）であり、雇用形態（特に有期契約）による差別の問題である」とし、年功制を含めて男性主体の家族単位制の解消が肝心であると述べている。女性労働の問題解決に家族単位から個人単位への切り口を提示したのは、ユニークな着眼である。

1993年「短時間労働者の雇用管理の改善等に関する法律」、すなわちパートタイム労働法が施行されたが、問題が依然として残る。パートタイマーや派遣社員の雇用が正規社員の雇用安定を妨げるという考え方が依然として根強いことを指摘し、それと相まって、パートタイム労働法が罰則規定を伴わず、あくまで雇用主の努力義務と行政指導に負う面が多いとしたところに改善が遅々として進まないとする見解もある[19]。また、就業多様化時代を迎えて、派遣社員の規制緩和の必要性を強調している点は理解できる。

生きがいや働きがいを企業組織としてマネジメントの場でどのように導き出すのかというテーマから、働く女性の組織や管理の問題を取り上げた研究として渡辺の研究[20]がある。働き方・働かせ方が変容しつつあるなかで、個人と企業組織の良好な関係構築の視点から女性労働、パートの問題を取り上げている。

IT化に伴い市場の急速で不確実性の高い変化への対応として、新事業の展開、トータル人件費の削減などから、正規社員の少数精鋭化と非正規社員（パートタイマー、契約社員、派遣社員、臨時社員、アルバイトなど）雇用の拡大、すなわち人材の外部化は、今後ますます進行すると思われる。これら外部人材活用の視点からの研究として、佐藤（佐藤，2001年）[21]の研究がある。本研究のなかで、非正規労働としての派遣社員の保護に関して考察されている[22]。派遣社員の多くが、健康保険、厚生年金保険などの社会保険や労働保険に加入していない現実と、その理由として加入無資格と加入手続きの面倒さを指摘してい

る．正規社員（常用労働者）適用を前提にする現行制度が，短期就労とその断続性を特徴とする派遣社員への適用を難しくしていると述べている．企業の労働組合がこの問題に積極的，前向きに関与することを主張しているが，その意見には賛同したい．しかし，機会の平等を求めて法的な保護の関与をあまり望まないとする見解には疑問がある．日本の雇用慣行の根深さを考えるならば，企業などの自主的な政策に任せるのは理想であろうが，ある程度，行政サイドが関与したほうが実効性は高い．

（3）女性の就業形態としてのテレワークに関する研究

テレワークに関しては，それに関する実態調査研究が先行し，研究論文ないし著書として公表刊行されたものは極めて少ないのが現状である．これまでの調査研究におけるテレワークの研究としては，一つには，IT（情報通信技術）の観点から，二つには，就業形態の多様化の観点からの二方向があげられる．両者を共通の基盤として研究している例を見出すのは難しい．女性労働の視点からテレワークを考察する場合は，後者の就業形態の多様化（女性就業あるいは女性雇用の多様化）との局面で捉えることが主である．テレワークは，情報化社会，ネットワーク社会での新就業形態—場所と時間に制約されない—として有望な就業の選択肢とみなされてはいるが，具体的な政策的方向については今後の研究課題として残されている．

女性労働のOA化・情報化の影響については，1980年代半ばから調査が行われており，その主要な一つに，電機労連が行った「OA／情報化の女性労働への影響調査」[23]がある．本調査で関心を引くのは，高卒を中心とした一般事務，キーパンチャー，オペレーター（OL層）と大卒理工系を中心としたインストラクター，プログラマー，システム・エンジニア（TL層：テクノ・レディー）など技術者との，仕事と家庭の両立を念頭に置いた仕事観，職業意識の違いを取り上げていることである．OL層（一般事務職）は「結婚・子供が生まれるまで」の腰掛け型，TL層は職業継続意思強固型と，顕著な違いを示していると指摘している．また，情報化と労働市場との関連では，情報化の進展と

労働政策との関連に関する研究会（労働大臣官房政策調査部）の「企業の情報化と労働―情報化の労働面への影響と労働システムの課題」[24]（労働大臣官房政策調査部，1996年）があげられる．本研究で注目すべき点は，非正規従業員に関して，業務の外部委託の影響を調査していることである．

テレワークに関連した調査としては，1990年代後半に日本労働研究機構が実施した次の2点があげられる．「情報通信機器の活用の関する在宅就業の実態と課題　No.113」（日本労働研究機構，1998年）と「パソコンネットワークに集う在宅ワーカーの実態と特性　No.106」（日本労働研究機構，1998年）である．テレワーカーの職業観という意識的な側面からの調査として，やはり日本労働研究機構の「テレワーキングと職業観　No.131」（日本労働研究機構，2000年）がある．日本人の集団帰属意識の変化に着目しつつ，日本人の行動特性および職業観を概観しながら，これらに対してテレワークという新しい就業形態がどのような影響を与えるのか分析したものである．なお，本格的に日本のテレワークの実態を調査したものに，㈳日本テレワーク協会の調査[25]がある．平成7，8，10，12年と時系列的に調査しており，日本のテレワークの推移を把握する上で信頼性の高い実態調査資料といえる．

また，最新の調査としては産業研究所が㈳日本テレワーク協会に調査委託した「在宅ワークスタイルの実態等に関する調査研究」（2001年）がある．新しい就業形態としてのテレワークの普及実態および問題把握に有益な調査資料である．前述した古郡も，場所の弾力化という視点から，テレコミューティングの可能性を示唆している．

テレワークと女性労働を関連付けた希少な研究として，日本テレワーク学会での発表研究論文　坂本の「非雇用型テレワークは女性にとって良好な就業形態か」[26]がある．研究対象は，非雇用型テレワーク，なかでも在宅ワークの7～8割を占める女性テレワーカーである．本研究目的は，非雇用型テレワーカーの仕事に対する満足度を就業実態から調査分析している．現状においては，非雇用テレワーカーもパートタイム労働と同様に不安定な労働条件にあり，より積極的に身分保障や処遇上，さらに能力向上支援策の必要性が急務であると

指摘している．テレワーカー，特に在宅ワーカーの主要な問題・課題を明確にした点を評価したい．次に，福留の「テレワークにみる女性の仕事と家庭の両立」[27]をあげる．論点としては，IT機器の普及が，就業者の公的領域（企業組織）と私的領域（家庭）の領域区分を消去したことを指摘し，女性の就業者の主要な課題である仕事と家庭の両立の可能性を示唆するとともに，テレワークという就業形態がもたらす従来の女性負担の軽減可能性について触れている．両者の提示した視点は，まさにテレワークの今後の主要研究課題といえよう．

近年，政府においても就業の多様性に注目した研究報告がみられるようになったこともあげておきたい．2001年度の国民生活白書（経済企画庁，平成12年）[28]では「家族」を主テーマに据えて，家族環境の変化に伴う女性の就業環境の改善および多様な働き方を提言としている．ITの普及に伴うテレワークの有効性について，働き方の選択の柔軟性を評価し，育児しながらの就業の容易性など述べている．また，前述した女性労働白書[29]の平成11年版から平成13年版にかけて，仕事と家庭（育児・介護など）の両立の観点から，IT化の進展に伴う在宅ワークの可能性を強く打ち出している．特に，平成12年，13年版では，在宅就業対策の推進に力点を置き，在宅ワークのガイドラインの策定・周知・啓発，在宅ワーク支援事業の実施，在宅就業市場情報の提供などの推進に関して報告している．

最後に，拙論として，就業形態の多様化の視点でテレワークの発展可能性とそのための課題について考察した，「テレワークの普及と女性労働—就業形態の多様化とテレワーク」[30]（2000年），「ネットワーク社会における女性労働—テレワークの普及と女性の就業形態の変化と課題」[31]（2000年）の研究成果をあげておく．

前者の主要論点は，IT化の進展がテレワークという場所と時間に拘束されない就業形態を進展させ，テレワークの普及が女性労働に対してどのようなインパクトを与えるのか考察したものである．特に，在宅形態のテレワーカーに焦点を当て，前述した日本労働研究機構の調査研究報告書をもとに企業におけるテレワークの利用実態，メリット，テレワークへの女性の希望度合，在宅ワ

ーカーのメリットなど分析している．さらに，現状を踏まえてテレワーカー（在宅ワーカー）の個人的視点から今後の課題を考察した．本研究の特徴は，従来の女性労働の主要課題である「仕事と家庭の両立」の可能性を，テレワークという就業形態によってどこまで有効に実現し得るかという視点で考察した点にある．

　他方，後者は，前者の系譜を引継いだ研究であるが，在宅ワークを含めてテレワークについて総合的観点から考察したものである．テレワークの現状を分析しながら，女性就業者の立場からテレワーク普及のための政策的方向を考察した．両研究は，IT化に伴う就業形態の多様性をテレワークという就業形態に焦点を当て，女性の就業機会の拡大と人材としての活用の可能性を探究している点では，IT化社会における女性労働の新しい課題側面を提示する位置づけにあるといえる．

　女性の労働市場への進出が増大するに伴って，雇用環境におけるジェンダー的視点からみた場合の問題は依然として存在するものの，研究の焦点は，女性の労働力化への認識の高まりへの考察と女性労働の期待する姿を描くところに当てられつつある．少子化，高齢化による労働力の減少，さらにはIT化の進展など，労働，社会構造の大幅で急激な変化と均等法以後の男女共同参画経営への傾斜は，女性労働に新たな局面を期待することになるものと確信する．

2．日本の女性労働の展望

（1）女性の職場進出の要因

　日本の女性労働について展望するならば，既述した出産・育児の問題や景気など経済的理由により雇用悪化の影響を受けることもあろうが，長期的には女性（有配偶女性も含めて）の職場への進出傾向が強まることが推察される．このような変化についてはさまざまな動因が絡み合っているが，主なものとして

は，高学歴化，就業形態の多様化に伴う就業機会の拡大，男女共同参画社会などをあげることができる．

1）高学歴化

女性の就業者の推移[32]をみると，1965年（昭和40年）1,878万人，1975年（昭和50年）1,953万人，1985年（昭和60年）2,304万人，1989年（平成元年）2,474万人，1998年（平成10年）2,656万人，1999年（平成11年）2,632万人と増加し続けている．1999年（平成11年）は厳しい雇用環境を反映して，前年対比0.9％減少したものの，1975年（昭和50年）から25年間でほぼ36％の増加である（男性は約18％増）．女性の職場進出の増加は，わが国の伝統的価値観でもある，女性・男性の役割分業，すなわち「女性は家庭，男性は仕事」という意識と性別役割構造を崩すことになる．さらに，女性の高学歴化は専門能力を活かしながら仕事を継続していこうとする志向，あるいは能力を活かせる仕事の選択という主体的な意識を強く持つ女性就業者を増加させた．平成9年度国民生活白書によると，20～59歳の仕事を中心に考える女性の比率は，70年代においては30％台半ばであったものが，92年では44％に上昇している．また，高学歴化の高まりに応じて企業では専門職や管理職，あるいは医師・弁護士など，高度な専門資格職につく女性も増大していることが指摘されている．

2）就業形態の多様化に伴う就業機会の拡大

女性の就業形態の多様化が進展し，女性の就業機会が拡大している．特に1990年代後半からの情報通信技術革命の進展は，働く場所と時間の制約を受けない柔軟な労働力（work flexibility）を創出し[33]，就業形態の多様化に拍車をかけた．「平成11年就業形態の多様化に関する総合実態調査」[34]によると，3年後に比率が高まる就業形態（非正規社員）として，短時間パート（49.8％），その他のパート（24.0％），契約社員（17.5％）などがあげられている．特に近年，就業形態の多様化の一つである情報技術を活用した「テレワーク」は，仕事と家庭の両立に悩む女性就業者にとって，在宅ワークを可能にするという意味で魅力がある．

3）男女共同参画社会

　男女共同参画社会の気運の高まりとともに，改正労働基準法，育児・介護休業法，改正均等法などの法整備にみられる行政サイドからの対応が強化され，また仕事と家庭の両立を重視するファミリー・フレンドリー企業[35]への関心の高まりとその実施企業の増大があげられる．

（2）女性労働力への期待

　少子化，高齢化社会の進展に伴う労働力減少に対応するものとして，女性労働に期待する傾向が増大している．その具体的な動きとしては，女性労働を貴重な労働力として，仕事と家庭の両立を視野に入れた人事政策を採り入れている企業が増えていることが指摘できよう．その要因としては，以下の4点があげられる．

1）女性労働の活用

　少子化・高齢化など社会構造変化に起因する労働力不足への対処から，企業において女性労働を積極的に活用する姿勢が高まっている．その背景には，企業において能力評価を主体とする傾向が強まるに伴い，従来の性差的意識が希薄になってきているといえよう．女性雇用者数は，1990年（平成2年）を100（女性雇用者数1,834万人，雇用者全体に占める女性割合37.9％）とすると，1997年（平成9年）は116（2,127万人，39.5％）と16％，293万人増加している（図1－2）．男性雇用者数の増加割合が，1990年（平成2年）を100とした場合，1997年（平成9年）は108.7と，8.7％の増大にとどまっているのに比較して，女性雇用者の増加が目立つのは企業における女性労働の活用への積極性を示すものといえよう．

2）仕事と家庭の両立

　前述した女性の職場進出，特に既婚女性が雇用労働者として働く機会が増大するに伴って家事・育児などと仕事との両立に向けて，企業として配慮する必要性が生じてきたことがあげられる．日本労働研究機構の調査（平成8年）[36]によると，「結婚，出産，育児を機に仕事をやめた割合」は，正社員12.1％，

パートタイマーなど非正社員67.0%，無業者88.1%と，特に，パートタイマーや無業者が突出して多い．その最も多い理由は「仕事と家事・育児との両立が，時間的にも体力的にも難しい」とするのが，正社員34.6%，パートなど非正社員57.6%，無業者68.4%と高い割合を示している．これら女性労働における制約環境を軽減していくこと，すなわち育児や家事，介護などの負担を支援し，家庭と仕事が両立できる環境条件の整備を図ることは，女性の勤労意欲と能力発揮を期待する企業にとって重要課題である．

3）労働意識の変化

労働意識，特に女性の労働に対する意識の変化があげられる．生活における男女平等意識の高まりや女性の高学歴化に伴い，男女とも家庭と仕事の両立を

図2-1　（従業員）（女性）自分は・（男性）女性は，結婚後はどのように働くのがよいと思っていたか

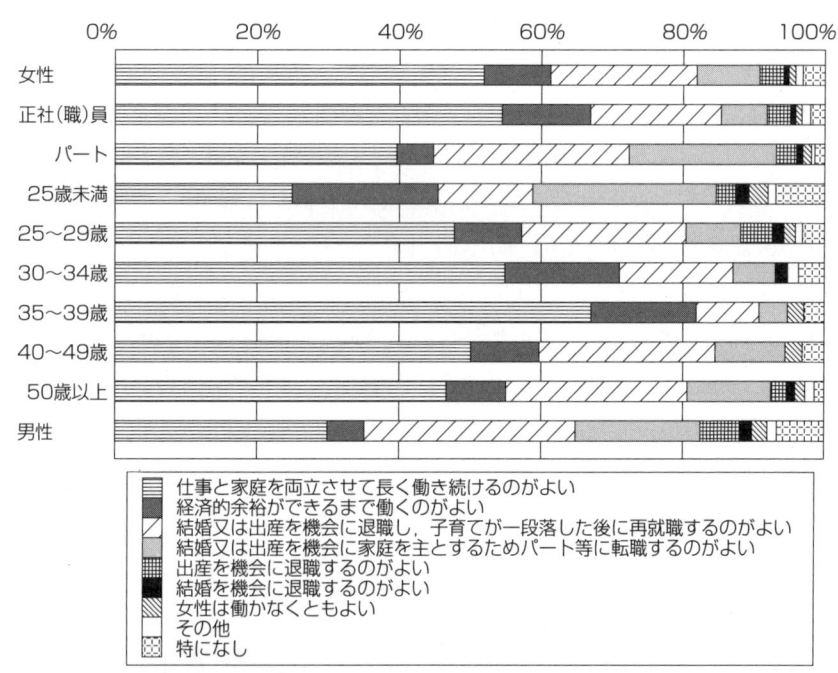

資料）栃木県商工労働観光部労政課『女性が働きやすい環境づくりのための意識・実態調査』平成11年．
注）女性全体，就業形態，年齢項目のみを抜粋したものである．

肯定的に捉える傾向が強まるとともに，むしろ「仕事を主」[37]とする考え方をする女性の増加がみられる．

「東京女性白書'97」の男女平等意識に関する都民調査[38]によると，「男は仕事，女は家庭」の考え方について同感するという意見は，平成4年には男女それぞれ42.0％，26.0％であったが，平成7年には25.7％，15.7％に減少している．また栃木県の平成11年の調査[39]では，女性の働き方に対する考え方（結婚後）について，「仕事と家庭を両立させて長く働き続けるのがよい」とする意見が，男性29.6％，女性51.2％と最上位の割合を示している．（図2－1）

前述した東京都の調査では，平成7年では「男は仕事，女は家庭」という考え方に対して肯定も否定もしない「どちらともいえない」とする不明確な見解が，男女とも40％台の高率を示している．しかし，同調査（73－74頁）での「結婚や出産しても，家庭に支障がない範囲で仕事をする」という回答が，女性では36.5％，男性では42.3％と最も多い点を考慮するならば，仕事に対する女性の自立的意識と家庭との両立の意識は極めて高く，男性の女性労働に対する理解と期待に助長されて，女性の就業意欲の高さとそれに伴う男女平等参画の職業観を察することができる．

4）雇用慣行の見直しと是正

従来の日本企業の雇用形態の環境，特に長期的安定雇用，年功序列，企業主体の福利厚生制度の充実などを核とする雇用慣行の見直しと是正があげられる．このような傾向は日本的雇用慣行のもとで，採用，教育，昇進，昇格，昇給において実質的に差別を受けてきた女性労働にとって，能力主義への変革は歓迎すべきことである．もちろん，能力主義への変革に対する女性労働の姿勢は，必ずしも一様ではない．高度な仕事に就きたいと考えている女性は，必ずしも多くはない[40]．現行の能力主義に対する女性労働者の期待，特に高学歴化に裏打ちされた意欲，能力のある女性ほど期待が幻想に終わることになる危険性を含んでいよう．しかし，少子化・高齢化などの社会構造的変化を基盤に，共働き家庭，単独家庭など家族形態の多様化，さらに女性自身の労働意識の変化，高学歴化による自己実現の欲求の増大傾向は着実に高まっている．企業の能力

主義への転換に伴う女性労働に対する認識と期待の高揚という点を考えるならば，女性側，企業側の双方に「仕事と家庭の両立」の考え方は普及していくものと思われる．

日本における少子化・高齢化社会の到来は，労働力不足の懸念を生起させる反面，その解決策としての女性労働力への期待は大きい．しかし，現状においては，女性労働力を有効に活用する上で問題点も依然として残存している．

3．情報通信技術革新と女性労働

（1）就業形態の多様化

平成13年度『労働経済白書』（厚生労働省）において，情報通信技術がテレワークや在宅ワークといった新たな雇用・就業形態の多様化を創出することが取り上げられ，「家庭責任を負っている者の就業を容易にする利点がある」（17頁）と述べられている．また，平成12年度『女性労働白書』（厚生労働省，107－108頁）や平成13年度の『男女共同参画白書』（内閣府，116－117頁）においても，女性労働の視点からIT化の進展と関連させてその雇用や就業拡大の可能性について触れている．

これまで女性労働の視点からME化との関連について研究例はあったが，それは，企業内・職場におけるOA化などに基づいて女性就業者に業務遂行や労働環境条件の面で，どのようなインパクトを与えるかという視点から考察されたものであった．女性労働の最大の課題である「家事・育児・介護と仕事との両立」に関連させて論じられることは少なかった．

1970年代初頭，第一次オイルショック以後の企業内でのME化は，女性雇用の拡大にはつながったが，女性労働が担う側面は高度な専門知識・技能を要する仕事というより，OA機器操作要員としての作業に従事するのが主[41]であった．しかし，IT化やインターネットの進展は，場所と時間にとらわれない

フレキシビリティという特性を活かした就業の可能性を増大させた．言い換えるならば，企業という組織と個人ないし家庭という公私の領域[42]を労働の場から無くし，「家庭と仕事の両立」を可能にすることが期待されるようになった．また，就業面での多様な形態を選択できるということは，仕事を通して自己実現を図る意欲の高い女性にとっては福音といえよう．

日本労働研究機構の調査（1998年，No.113）では，テレワーク（在宅ワーク）の選択理由に「自分のペースで働ける．家族や家事のため．働きがいがある」の指摘が多い．また育児期の女性就業者の場合は，「能力，経験を活かす」がトップにあげられている．前述の日本労働研究機構の「テレワーキングと職業観」[43]でも解釈されているように，テレワークという就業形態が，従来の女性労働にみられる補助的な単純作業などに比較して，より能動的な自我意識を必要とするからに他ならない．テレワークの場合，特に在宅就業形態をとるならば，前述したように勤務時間・場所・組織（企業）の就業規則など労働条件に拘束されることなく，就業者の自己管理に任されていることからも自律的仕事観をもつ女性にとっては，適応性のある就業形態といえよう．

（2）IT化の進展による就業形態の変化

情報通信白書（総務省，平成13年版）によれば，日本国内のインターネット利用人口は2000年末で4,708万人である．1997年の1,155万人と比較すると3年間で約4倍の増加である．また，普及率でみるならば1996年の世帯普及率は3.3％であったが，2000年には34.0％と急増している（図2－2）[44]．

これらIT化の進展，人材活用におけるフレキシビリティの重要さ（アウトソーシングなど），組織運営や成果主義を重視する雇用環境の変化は，今後ますます次のような影響を女性労働の側面に及ぼすことになる．

まず，労働価値観の変化は，日本企業のこれまでの雇用形態や機能が減退するにつれて，働く側にも企業に所属して，集団意識のもとに働いていれば安泰という意識から能力主義を重要視する方向に傾きつつある．いわゆる成果主義を是とする機運が高まっている．それに伴って就業形態も時間と場所に拘束さ

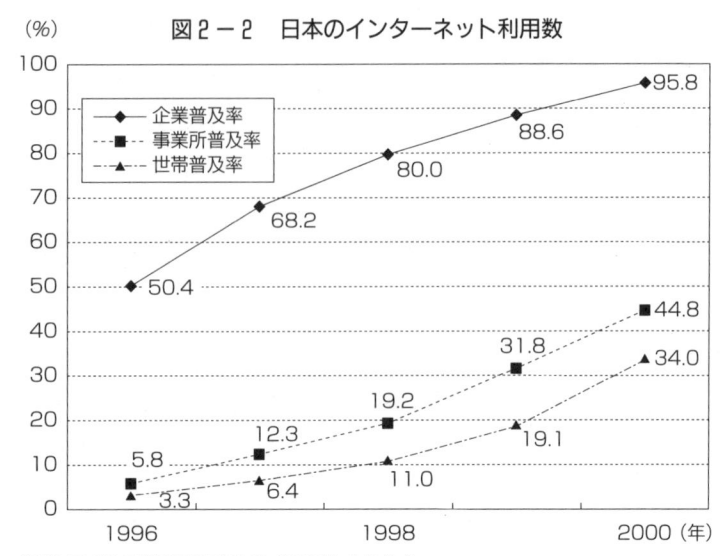

図2-2　日本のインターネット利用数

- 企業普及率: 1996年 50.4, 1998年 80.0, 1999年 88.6, 2000年 95.8
- 事業所普及率: 1996年 5.8, 1997年 12.3, 1998年 19.2, 1999年 31.8, 2000年 44.8
- 世帯普及率: 1996年 3.3, 1997年 6.4, 1998年 11.0, 1999年 19.1, 2000年 34.0

資料）平成13年度版情報通信白書（総務省）から作成．
※1　事業所は全国の（郵便業および通信業を除く）従業者数5人以上の事業所
※2　「企業普及率（300人以上）」は全国の（農業，林業，漁業，および鉱業を除く）従業者数300人以上の企業

れる組織ルールより，就業条件はどうであれ，成果目標を達成することにウエートが置かれてこよう．

　インターネット普及率は，世帯で34.0%，企業で95.8%（総務省，情報通信白書，平成13年版）と順調な伸びを示している背景には，通勤負担，仕事と育児・介護との両立，女性，高齢者，障害者などの就業機会の拡充など，就業面で抱える問題解決の有力な手段となると期待されているからである．このような社会的要請の増大に伴って，IT化による就業形態のフレキシビリティはより促進されよう．また，地域の活性化や女性労働のみならず高齢者，身障者などの就業機会の促進からも注目されている．

（3）IT化の影響と女性労働の方向

　図2-3は，IT化の進展が特に女性労働の変化，雇用形態や就業形態の創出および労働価値観にどのようなインパクトを与えるか示したものである．そ

のインパクトについては，次のような三つの変化がもたらされると考えられる．

一つは，IT化の進展は，これまで就労において制約条件であった場所・時間からの拘束を解き，IT活用能力の評価が重視されることから，従来の性差による役割分担や地域差の解消など労働価値観の変化をもたらす．

二つは，IT化の進展は，前述した場所・時間という拘束条件をゆるめ，就業形態により柔軟性をもたらす．また，若年を主体とした労働人口の減少とも合わせて，企業において女性労働の戦力化を図る傾向が強まる．したがって，女性労働環境のより一層の改革のために法整備も含めて行政支援施策や体制の充実化が今後とも促進される．

三つは，IT化の進展を駆動力として，労働需給双方における労働価値観の変化をきたし，就業形態の多様化を促進する傾向が強まる．そのことは，従来の組織構造や機能・制度の変革をもたらす．組織のフラット化，能力主義・成果主義をベースにした人事・労務管理体制の確立が促進される．

さらに，上述した三つのインパクトを軸に，労働価値観の変化や方向をIT化の影響と関連させて女性労働の展望について述べるならば，次の点が示唆できよう．

図2-3　IT化の進展と女性労働に及ぼす影響（テレワーク・在宅ワーク）

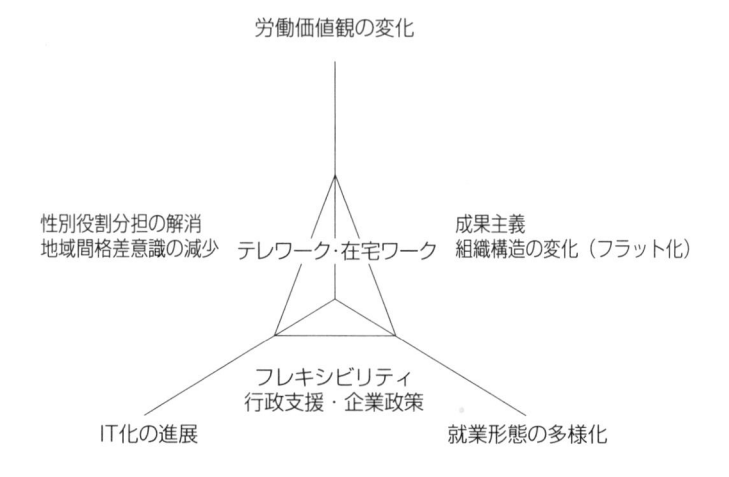

```
                    労働価値観の変化
                         |
                         |
   性別役割分担の解消              成果主義
   地域間格差意識の減少  テレワーク・在宅ワーク  組織構造の変化（フラット化）
                    フレキシビリティ
                    行政支援・企業政策
      IT化の進展                    就業形態の多様化
```

1) 新しい労働価値観の醸成

「男性は仕事,女性は家庭」の性別役割意識の希薄が,女性側だけではなく,男性側にも浸透している.1999年(平成11年)に行った栃木県の調査(栃木県商工労働観光部労政課「栃木県女性が働きやすい環境づくりのための意識・実態調査」平成11年)でも,女性の働き方に対する考えとして,結婚前においては,「仕事と家庭を両立させて長く働き続けるのがよい」と男女ともトップにあげている(女性36.3%,男性37.9%).この回答がたとえ建前としても,北関東という伝統性の根強い地方風土を考慮するならば,地方においてさえ少なくとも従来の日本企業の雇用形態にみられる労働価値観とは異なった価値観が,醸成されつつあるとみてよいであろう.

2) 女性就業の多様化の促進

企業環境の変化,特にIT化の進展は従来の企業組織構造をフラット化し,中間管理層の削減や定型的業務の消滅とそれに伴う創造的,専門的業務へのニーズの高まり,IT技能に基づく成果評価や賃金査定など雇用環境の変化をもたらす[45].女性の高学歴化とそれに比例して専門的,創造的な高度な仕事を期待する傾向が女性就業者に強まることが予測されることから,専門と単純の二極化を踏まえながらも,職種,就業形態など女性就業の多様化はより一層促進される.

3) 行政支援の充実と地域の活性化

行政サイド(総務省,経済産業省,厚生労働省や地方自治体など)においても,育児・介護と仕事の両立,地域活性化,環境保護などの課題の有効な解決手段として,テレワークやSOHOの普及促進に力を入れてきている.地域活性化については,特に女性労働の側面で考える場合,地域企業だけでは難しく,テレワークの啓発活動,テレワークセンターなどの施設整備あるいは労働条件の改善など,行政サイドの支援が必要となる.

4) ビジネス・チャンスの発掘

情報基盤を整備することにより,距離のハンディキャップの解消,すなわち地方というデメリットを減少する可能性が出てきたことである.このことは,

地方に眠っている人材活用に有利な状況を創り出すことになる．経済企画庁の「地域レポート2000」[46]でも，情報発信量は，依然として東京一極集中が進んでいるが，地域特性を活かした価値ある情報発信によって地域経済の活性化の可能性を示唆している．ネットワークを利用してのSOHOワーカーを編成して事業を立ち上げるなど，ビジネス・チャンスの発掘と女性労働の活用が期待される傾向は強まるだろう．

注

1 藤井治枝も経営学の領域では実務書的経営学において女性管理のありかたからの取り上げかた以外，女性労働について論述しているのは少ないとしている。少数例も近年の成果としており，1991年以降の著作に限定して7冊あげている（2頁）．藤井治枝，渡辺峻編著『現代企業経営の女性労働』ミネルヴァ書房，1999年，2-3頁．
2 大森真紀『現代日本の女性労働』日本評論社，1990年，80-90頁，187頁，228頁．
3 熊沢誠『女性労働と企業社会』岩波書店，2000年，17-20頁．
4 熊沢誠『能力主義と企業社会』岩波書店，1997年，120-122頁．
5 労働省女性局編『平成11年版　女性労働白書』(財)21世紀職業財団，2000年，48-50頁．
6 安川悦子「日本型企業社会と家族問題」，『日本型企業社会と社会政策』啓文社，1994年，23-50頁．
7 田中洋子「企業にあわせる家庭から家庭にあわせる企業へ－労働時間制度をめぐる日常性の構造の日独比較」，前掲書，啓文社，51-81頁．
8 竹中恵美子・久場嬉子編『21世紀へのパラダイム　労働力の女性化』有斐閣，1994年，238-253頁．
9 今田幸子「働き方の再構築―多様化し混迷する勤労意識の行方」『日本労働研究雑誌 Vol.42　June2000，No.6』日本労働研究機構，2-13頁．
10 藤井治枝『日本型企業社会と女性労働』ミネルヴァ書房，1996年，208-218頁．236-246頁．
11 熊沢誠『女性労働と企業社会』岩波書店，2000年，2-14頁，46頁，49-50頁．
12 川口和子「グローバリゼーション下の女性労働」，『グローバリゼーションと日本的労使関係』労働運動総合研究所編，新日本出版社，2000年，123-140頁．
13 前田信彦『仕事と家庭生活の調和―日本・オランダ・アメリカの国際比較』日本労働研究機構，2001年，9-23頁，132-143頁．
14 経済企画庁『平成11年版　国民生活白書』平成11年，12-13頁，100-111頁．
15 古郡鞆子『非正規労働の経済分析』東洋経済新報社，1997年，26-32頁，158-160頁，162-169頁．
16 古郡鞆子『働くことの経済学』有斐閣，2002年，162-169頁．
17 熊沢誠，前掲書，1997年，94-95頁．
18 伊東広行『21世紀労働論―規制緩和へのジェンダー的対抗』青木書店，1999年，105頁．
19 八代尚宏『雇用改革の時代－働き方はどう変わるか』中央公論新社，1999年，172-189頁．
20 渡辺峻『人的資源の組織と管理』中央経済社，平成12年，74-100頁．
21 佐藤博樹監修，電機総研編『IT時代の雇用システム』日本評論社，2001年，7-16頁．
22 藤川恵子「派遣労働の拡大と労働者保護」，同上書，136-138頁．
23 電機労連「OA／情報化の女性労働者への影響調査」『調査時報　No.192，』1984年7月，

8頁.
24 労働大臣官房政策調査部編「企業の情報化と労働-情報化の労働面への影響と労働システムの課題」平成8年, 39-40頁.
25 最新の調査としては平成12年度版「日本のテレワーク実態調査研究報告書」がある.
26 坂本有芳「非雇用テレワークは女性にとって良好な就業形態か」日本テレワーク学会『第3回日本テレワーク学会研究発表大会論文集』2001年, 71-76頁.
27 福留桂子「テレワークにみる女性の仕事と家庭の両立」『季刊家計経済研究 第53号 2002 冬』家計経済研究所, 25-35頁.
28 経済企画庁『平成12年版 国民生活白書』平成12年, 173-176頁.
29 平成11年版 労働省女性局, 前掲書, 113頁. 平成12年版 厚生労働省, 前掲書, 107-108頁. 平成13年版 厚生労働省, 前掲書, 115-116頁.
30 堀眞由美「テレワークの普及と女性労働-就業形態の多様化とテレワーク」白鷗論集第15巻第2号, 2000年, 275-297頁.
31 堀眞由美「ネットワーク社会における女性労働-テレワークの普及と女性の就業形態の変化と課題」中央大学大学院研究年報第4号総合政策研究科篇, 2000年, 183-196頁.
32 労働省女性局編『平成11年版 女性労働白書』㈶21世紀職業財団, 2000年4月, 付表1. 本表によると, 1999年(平成11年)の女性の労働力率は49.6％で, 前年対比で0.5％ポイント減少. 1989年(平成元年)以降50％台であったが, 10年ぶりに40％台に低下した(男性も76.9％, 前年比0.4％ダウン).
33 1989年に発表された米国国務省リポート(室田泰弘訳)『デジタル・エコノミー』(東洋経済新報社, 1999年)においても, 情報技術の発展が, 場所・時間に制約されてきた従来の産業組織に変革をもたらすことを示唆している. 94-96頁.
34 労働大臣官房政策調査部「平成11年就業形態の多様化に関する総合実態調査の概要」『労働統計調査月報』Vol.52, No.8, 平成12年8月, 24頁.
35 「ファミリー・フレンドリー企業」とは, 女性労働の活用を積極的にすすめている企業を意味する. これら企業では, 人事政策等に仕事と家庭が両立できる環境づくりを反映させる努力をしている. 拙論「ファミリー・フレンドリー企業に関する一考察-女性労働環境整備とファミリー・フレンドリー思想の企業への浸透-」(『白鷗女子短大論集』第25巻第1号, 白鷗大学女子短期大学部, 平成12年6月, 1-15頁).
36 日本労働研究機構「女性の職業・キャリア意識と就業行動に関する研究」1997, №99, 15-18頁.
37 経済企画庁編『平成9年版 国民生活白書』平成9年. 20-21頁. 302-304頁.「仕事が主」と考える女性の比率は, 70年代には30％台半ばであったのが, 80年代から上昇し, 1992年には44％となったことが指摘されている. また, 高学歴化を反映して, 専門職, 管理職となる医師・弁護士などとして働く女性も増加している.
38 東京都生活文化局女性青少年部計画課編集・発行『東京女性白書'97』平成9年. 72頁.「男は仕事, 女は家庭」という性別役割意識については, 同感しないほうと回答した割

合も平成4年の男女それぞれ33.8％，50.6％から，平成7年には30.6％，37.6％と減少している．また，どちらともいえないとする肯定も否定もしない曖昧な見解をもつ男女が，平成4年の24.3％，23.4％から，43.7％，46.6％と急増している調査結果を示している．

39　栃木県商工労働観光部労政課『女性が働きやすい環境づくりのための意識・実態調査結果』平成11年10月，3頁，84頁．本問に対して（結婚後）については，女性の場合51.2％と肯定的回答をしている．男性は29.6％である．

40　熊沢誠，前掲書，1997年，151-153頁．事務職，販売職などに就く女性労働者の大多数は，職業意識としてより高度な仕事を志向しているわけではないという論には現実性があるように思われる．

41　石川晃弘・田島博美『変わる組織と職業生活』学文社，1999年，148頁．

42　福留恵子「テレワークにみる女性の仕事と家庭の両立」，『季刊　家計経済研究　2002冬　第53号』家計経済研究所，2002年1月．IT機器が公的領域（企業における職場）にとどまらず私的領域（家庭）にも普及したことが，就業における公私領域の区分を消し去る技術的条件を整えたという指摘は正鵠を得ている．

43　日本労働研究機構『調査研究報告書　テレワーキングと職業観　2000　No.131』2000年5月，69-71頁．テレワーカーを日本の伝統的職人の「職人気質」に相通ずる要素があるという見方は興味を引く．

44　わが国のインターネット人口は調査機関によって算定が異なる．例えば，インターネット人口／自宅からのPC利用人口は，情報通信白書2000年末で，4,708万人／3,066万人，Access Media Internationalでは，3,263.6万人／2,045.5万人である．利用者の定義，調査方法，対象年齢の相違によって算定結果が違ってくる〔インターネットビジネス研究会『インターネットビジネス白書2002』ソフトバンクパブリッシング㈱，2001年12月，128頁〕．

45　日本労働研究機構の調査で，IT化の進展に伴い平成15年くらいまでは，雇用削減効果が拡大効果より大きいとし，また働き方では職務・役割の変化において，業務改善など問題解決型業務や専門性，創造性の高い仕事のウエイトが高まると発表されている．『IT化と企業・労働—IT活用企業についての実態調査，情報関連企業の労働面についての実態調査—』，日本労働研究機構，2000年6月．

46　経済企画庁調査局『ITと成長企業で変わる地域経済』2000年．

Chapter **3**

IT化の進展と女性労働の多様化

テレワークの可能性

1．IT化の進展と労働構造の変化

(1) ネットワーク社会の到来と就業の柔軟性

　情報通信技術の発展を基盤とするネットワーク社会の進展は，企業経営のあり方を根本的に変化させようとしている．情報通信技術の進展が企業経営に与える影響は，経営の効率化，高付加価値化という戦略的側面についてはもちろんのこと，就業形態にも新たな可能性をもたらしている．

　ネットワークという用語は，多義性をもった概念である．従来の人間関係にせよ，21世紀の社会の有様を意味するにせよ，人間関係の相互性あるいは連結を意味する[1]．ネットワーク社会という場合は，情報通信技術を中核とする情報基盤（information infrastructure）に立脚する情報ネットワーク社会を意味する．「テレワーク」も，情報ネットワーク社会を構成する新しい就業形態を指すものである．

　90年代におけるバブル経済崩壊以後の日本経済の沈滞は，産業構造の変化とそれに伴う労働市場に大きな変化をもたらした．女性労働に対しても，雇用調整という名のもとにパートタイマーの解雇や再契約中止，あるいは女性新規学卒就職者の労働市場の激減[2]などマイナス影響を及ぼした．また，90年代は経済のサービス化，国際化，技術革新が一段と進み，とりわけ情報通信技術革新は，従来の女性労働に変貌をもたらした[3]．

　1998年（平成10年）に公表された米国商務省の報告書「The Emerging Digital Economy」[4]では，インターネットを中心とした情報技術革命によって，労働構造にも変化をもたらすことが指摘されている．報告書は，働く場所と時間に拘束する制約の多い従来の企業組織における就業形態とは異なり，場所，時間に制約されない柔軟性のある就業形態（workforce flexibility）の可能性を示唆している．また，テレワークの一形態である在宅勤務について，企業サイドとしてはマネジメントやコストの面で，従業員サイドからは仕事と家庭の両立，時間の有効活用の面でメリットがそれぞれあげられている．

また，2000年度経済白書（経済企画庁，2000年7月）では，情報通信技術が雇用面に及ぼす影響として在宅勤務などに触れ，情報通信技術革命が，業務の変革を通じて労働需要構造を変化させている[5]としている．経済白書がテレワークについて述べる背景には，近年の情報通信技術の進展による日本経済へのインパクトがいかに大きいかを示唆しているといえよう．

（2）就業形態の多様化とテレワークの可能性

前章（30頁）でも述べたが，「平成11年就業形態の多様化に関する総合実態調査」[6]によれば，非正規社員の就業形態が高まっており，なかでもパートタイマーの割合が高い．正社員72.5％，非正規社員27.5％，非正規社員のうちパートタイマーは20.3％で，この比率は非正規社員のうちの73.9％を占める．また同調査によれば，今後，比率が高まると思われる就業形態について事業所サイドからみると（産業計），短時間パート49.8％，次にその他のパート24.0％，契約社員17.5％の順になっている．産業別にみるならば，鉱業（35.9％），運輸・通信業（30.8％），不動産業（30.7％），建設業（30.3％）の各業界では派遣社員の比率が高い．また，派遣労働者では金融・保険業（24.6％），建設業（19.9％）の比率が高い．なお，派遣労働者については，金融・保険業と建設業では意味合いが異なる．前者は，事務ないし専門技術・技能者，後者は，現場作業を指すものと思われる．さらに，非正規社員のうち，契約社員および派遣労働者について職種別にみると，契約社員については，専門的・技術的な仕事（33.1％），事務の仕事（23.4％），派遣労働者のうち，常用雇用型派遣労働者は専門的・技術的な仕事（30.2％），登録型派遣労働者は，事務の仕事（69.1％）の比率が極めて高い（表3－1）．

前述した就業形態の多様化をテレワークに当てはめてみる．まず，ここでテレワーカーの職種をみてみよう．テレワーカーの職種として比率の高い順にみると「営業・販売」25.7％，「技術」20.0％，「事務」（総務・経理・人事など）15.7％，「ソフト開発」14.3％などとなる[7]．日本マルチメディア・フォーラムのテレワーキンググループによると，1999年（平成11年）インターネット上の

表3－1　就業形態，職種別労働者割合

(%)

就業形態	計	専門的・技術的な仕事	管理的な仕事	事務の仕事	販売の仕事	サービスの仕事	保安の仕事	運輸・通信の仕事	技能工・生産工程の仕事	労務作業の仕事	不明
正社員計	100.0	13.8	14.4	38.1	10.5	5.6	0.5	2.1	12.4	2.6	0.0
非正社員計	100.0	9.3	2.4	23.3	20.3	19.1	1.3	1.8	12.2	10.0	0.3
契約社員	100.0	33.1	4.7	23.4	8.3	9.9	2.5	4.0	8.3	5.6	0.3
臨時的雇用者	100.0	3.9	0.1	28.7	38.7	13.1	0.9	1.4	7.7	5.5	0.0
短時間のパート	100.0	6.3	0.4	20.3	23.3	23.5	1.2	1.1	11.2	12.4	0.3
その他のパート	100.0	5.9	1.1	23.3	20.9	18.2	1.5	2.7	17.0	9.0	0.3
出向社員	100.0	16.7	28.6	26.2	8.0	6.2	0.7	1.1	10.6	2.0	0.0
派遣労働者	100.0	17.5	0.9	58.0	3.2	6.5	0.3	2.1	8.0	3.3	0.2
登録型派遣労働者	100.0	11.9	0.5	69.1	2.8	6.2	0.2	0.4	6.7	1.8	0.3
常用雇用型派遣労働者	100.0	30.2	1.7	34.3	3.7	7.5	0.6	5.8	10.6	5.6	―
その他	100.0	13.2	3.2	15.1	4.1	14.5	2.6	3.2	19.5	23.9	0.9

資料）労働大臣官房政策調査部「労働統計調査月報 Vol.52 No.8」労務行政研究所，2000年8月，24頁．

　アンケート調査[8]においても，テレワーカーの職業では「専門的，技術的仕事」に就いている者が53％と半数以上を占めている．次いで「事務」が13％である．

　前述の「平成11年就業形態の多様化に関する総合実態調査」は，テレワーカーの職種との関連で調査しているわけではないが，表3－1に示されているように，非正規社員のうち契約社員および派遣労働者の職種で高比率なものとして「専門的・技術的仕事」「事務の仕事」があげられている．このことは上述のテレワーカーの職種と整合するところがあると考えてもよいであろう．

　IT革新の進展が仕事の局面にもたらした時間と場所に拘束されない柔軟性は，女性の就業拡大にインパクトを与えるとともに，女性就業の可能性を促進しつつあるといってもよい．また，IT化の進展は単なる就業拡大だけではなく，ITという新規技術が，まったく新しい雇用を創造する[9]発展可能性を多分に含んでいるといえる．特に，働き方の選択（work option）の観点からみるならば，テレワークは「新しい働き方」として従来のワークスタイル，あるいは雇用形態に革新性をもたらす可能性は大きい．情報通信技術が，人と人，人と組織の関係に多様性をもたらすのは時間と空間を固定せず，あるいは仕事に関与する人間が一律に組織（企業）のルールに従うのではなく，働く者が主体

性を持って時間と空間を自由にコントロールできるという新しい次元が創出される可能性が大きいからである[10].

（3）テレワークの定義と基本概念

　テレワークの定義には，多様な概念に基づく定義がある．明確にしておきたいことは「テレワーク」は，就業形態の選択肢の一つであり，就業手段（働き方）であるということである．㈳日本テレワーク協会では，テレワークを「情報通信手段を活用して，時間や場所に制約されない柔軟な働き方」[11]と簡潔に定義している．その基本概念の要点としては，「時間」と「場所」を選択して働くこと，「情報通信手段」を活用することの2点をあげることができよう．決められたオフィスで9時から17時まで拘束される従来の働き方に対して，テレワークは勤務場所と勤務時間にとらわれない就業形態である．協会では従来の働き方を否定するのではなく，決められた場所で決められた時間帯に働く従来の形態に，テレワークという場所と時間に拘束されないオプションを加えることにより，働き方の柔軟性が高まるとしている．また，テレワークを実施している人を「テレワーカー」と呼び，テレワークのなかで企業などに勤務する勤労者が，主に通勤の代替手段として行うテレワークは，「テレコミューティング（Telecommuting：通信勤務）」，テレコミューティングを実施している人を「テレコミューター」と呼ぶと定義している．

　日本労働研究機構では，①テレワーク業務が遂行される場所，②テレワーク業務の方法の2点[12]を充たすことを基本概念としている．後者のテレワーク遂行方法には，㈳日本テレワーク協会も指摘している情報通信手段の活用と時間の選択性が含まれるものと思われる．

　労働省労政局勤労福祉部の『テレワーク導入マニュアル』[13]のテレワークの定義では，「情報通信ネットワークを活用して，時間と場所に制約されることなく，いつでもどこでも仕事ができる働き方」としており，㈳日本テレワーク協会の定義と共通している部分が多い．なお，参考までにヨーロッパでは従来の企業組織での働く場所（オフィス）とは異なり，そこから離れた場所，す

なわち自宅，近隣のワークセンター，移動勤務（携帯型の情報通信機器を活用して，働く場所を移動しつつ仕事を行うこと）といった場所を重視する内容になっている[14]．

これら定義の共通点は，①働く場所・時間に柔軟性があること，②情報技術を利用すること，の２点に集約される．①に関しては後述するテレワークの形態の多様性に関係してくるものであり，②に関しては従来の内職型とは異なり，コンピューター駆使技能や経営・マネジメント分野などの専門的能力の必要性を示すものと考えられる．

通信白書（郵政省，2000年版）[15]にあるように，テレワークという概念は総合的概念を示すものであり，日本でも一般的に認知されているSOHO（Small Office Home Office）はテレワークの構成概念の一つである．

W・A・スピンクスは，テレワークの類型からその概念規定の切り口を，雇用関係，立地条件，利用技術，利用頻度[16]などに置いている．テレワーク定義の多様性は，これらの切り口のどこに重点を置くのか，あるいはすべてを網羅するような概念に基づいて定義を行うのか，という視点の置き方から生じるものと考えられる．

一般的には，雇用関係，つまりテレワーク主体者区分（雇用者，自営業者）や勤務場所から分類[17]する傾向がみられるが，本書ではテレワーク概念の基本要素を重視して，情報通信技術活用の勤務形態（あるいは勤務場所）から分類する[18]．したがって，テレワークは，①テレコミューター（在宅ワーク，サテライトオフィス勤務），②SOHO，③モバイルワークの三つのカテゴリーに分けられる．

また，SOHOは小規模オフィスや自宅オフィスを指すが，大企業などの組織に属さずに，これらの施設を仕事の場として働く個人企業家や個人事業主（フリーランスのライターやソフト設計者）を指すこともあり，また企業などに属しながら在宅勤務を実施しているテレワーカーも含めSOHOと呼ぶこともある．SOHO企業に社員として所属し，在宅ワークを行っている場合はテレコミューターに分類するのが妥当であろう[19]．

（4）日本と欧米のテレワーク発展過程

1）日本におけるテレワークの発展

　日本のテレワークの歴史は，1984年（昭和59年）東京三鷹市でNTTのISN実験の一環として実験に参加した日本電気が開設した，吉祥寺サテライトオフィスでの勤務実験が始まりといわれている．その後1988年（昭和63年）から89年（平成元年）にかけて，埼玉県志木市において志木サテライトオフィス（富士ゼロックス・内田洋行など企業5社による）の勤務実験など，急速にテレワークは普及し始めている．以下は㈳日本テレワーク協会のホームページをもとに日本のテレワークの発展を時系列にまとめてみたものである[20]．

1984年〜1990年	吉祥寺サテライトオフィス実験（NTT）
1988年〜1989年	志木サテライトオフィス実験第一期（住友信託銀行，鹿島建設，富士ゼロックス，内田洋行，リクルート）
	（第二期は1989年〜1990年，上記5社にNTTと住信基礎研究所）
1988年〜1990年	大宮サテライトオフィス開設（三菱マテリアル）
1988年〜3ヵ月	熊本リゾートオフィス実験（内田洋行，清水建設，住信基礎研究所，富士ゼロックス，熊本県）
1988年〜1990年	安曇野リゾートオフィス実験（泉郷，内田洋行，清水建設，住信基礎研究所，東急建設，NTT，日立製作所）
1989年〜1990年	ニセコリゾートオフィス実験（清水建設，住友信託銀行，NTT，内田洋行，富士通システム，JR北海道，アルファトマム，進学会，土屋ホーム）
1989年〜1990年	コミュニティオフィス武蔵野開設（富士ゼロックス，三井不動産，日本設計）
1990年〜	千曲川リゾートオフィス実験（アネックスインフォ，岡村製作所，清水建設，日本生命，NEC，NTT，三菱電機，北野建設，東京海上，三井物産，長野経済研究所，昭和建物）

1990年	通産省「分散型オフィス推進委員会」設置 サテライトオフィス,ローカルオフィス,ホームオフィス,リゾートオフィスの4分科会で導入.
1991年〜	八ヶ岳リゾートオフィス実験(アシックス,泉郷,内田洋行宇宙通信,清水建設,日立製作所,富国生命,三菱信託銀行)
1991年	日本サテライトオフィス協会設立(任意団体)
1991年〜1993年	KPS(神奈川サイエンスパーク)で創造型サテライトオフィス開設(NTTデータ通信,富士ゼロックス,飛鳥建設他)
1991年〜3カ月	兵庫県テレワークビレッジ実験(兵庫県,大林組,関西電力,神鍋リゾート開発,神戸製鋼所,住信基礎研究所,大日本印刷,大和ハウス,太陽神戸三井銀行,兵庫銀行,兵庫県住宅供給公社,21兵庫創造協会)
1991年	NTTサテライトオフィス(船橋・上尾・鎌倉)設置
1992年〜	フレオ(フレックスオフィス)大阪,浦和開設(NEC)
1992年	障害者のためのサテライトオフィス協会発足 社団法人日本サテライトオフィス協会発足 〔2000年 ㈳日本テレワーク協会発足〕 新百合ヶ丘サテライトオフィス開設(富士ゼロックス)
1993年	山形県白鷹町田園型テレワークセンター開設(郵政省,山形県)
1994年	KPS障害者向けサテライトオフィス実験(神奈川県,日本アビリティーズ社) いわきテレワークセンター開設 障害者用サテライトオフィスの実験開始(日本障害者雇用促進協会)
1995年	フレオ町田開設(NEC)
1996年	「テレワーク推進会議」開催(郵政省,労働省) フレオ大宮開設(NEC)

	大宮サテライトオフィス開設（富士ゼロックス）
	横浜サテライトオフィス開設（富士ゼロックス）
1997年	柏サテライトオフィス開設
1998年	三鷹市SOHOパイロットオフィス開設
1999年	日本テレワーク学会設立
	「マイクロビジネス研究委員会」設置（通産省）

　また，地方自治体によるテレワーク施設の整備は，郵政省の支援を受け，地域活性化のための新規産業の誘致あるいは雇用促進方策として注目されている．㈳日本テレワーク協会の「テレワーク白書2000」（67頁〜69頁）によるとテレワークを推進・検討している主な自治体は次のとおりである．

- 北海道岩見沢市　テレワークセンター設置，リゾートオフィス開設検討中
- 岩手県北上市　共同利用型テレワークセンター設置構想検討中
- 山形県白鷹市　テレワークセンター開設
- 宮城県　サイバー・テレワーク構想推進・パソコン通信活用による障害者の在宅勤務実験
- 福島県いわき市　住民参加型在宅勤務実験
- 福島県白河市　共同利用型テレワークセンター設置構想検討中
- 茨城県　テレワークセンター・SOHO街の調査研究
- 埼玉県　共同利用型テレワークセンターの設置検討中
- 東京都三鷹市　SOHO向けのレンタルオフィス「SOHOシティ三鷹」開設
- 神奈川県　SOHO支援システムモデル事業
- 長野県　テレワーカー誘致策検討中・テレワークセンター開設整備中
- 愛知県設楽町　「テレコテージしたら」開設
- 岐阜県　県職員の在宅勤務実験・森林オフィス開設・高齢者・障害者向け情報バリアフリー・テレワークセンター開設
- 石川県金沢市　高齢者・障害者向けの情報バリアフリー・テレワークセンタ

一開設
- 和歌山県田辺市　小規模リゾートオフィス開設
- 兵庫県　共同利用型テレワークセンター調査研究
- 高知県　テレワーク実験
- 福岡県北九州市　都市型大規模共同利用型テレワークセンター開設
- 熊本県阿蘇町　田園型テレワークセンター開設
- 沖縄県沖縄市　テレワークセンター開設整備中

　1995年（平成7年）以降は，インターネットなど通信情報ネットワークの整備・普及により，行政体や企業が関心を持ち，テレワークや電子メール活用によるモバイルワークは，急速に普及している．それら情報通信機器を活用して，起業家や個人事業主によるSOHOスタイルの就業形態も活発化している．

2）欧米のテレワーク事情[21]

　アメリカにおけるテレワークの登場は，1970年代といわれている．80年代前半はパソコンが普及して女性の社会進出が進み，80年代後半になると深刻な交通混雑の緩和のため，またマイカー通勤などによる大気汚染の削除として，テレワークが有効的に推進されるようになった．「テレワーク白書2000」〔㈳日本テレワーク協会，1999年，60頁〕によると，アメリカにおける行政主導によるテレワーク浸透・普及奨励策としてコンミュータープログラム（通勤計画）が策定・実施された事例が紹介されている．当プログラムは「レギュレーション15」（1987年）の制定に基づいて展開されたもので，通勤時（南カリフォルニアでは6：00A.M.～10：00A.M.）におけるマイカー通勤の制限を行うものである．テレワークが交通量の増大および混雑による大気汚染防止の有効な勤務形態として注目され，在宅勤務，あるいは職住接近型としてのテレワークセンターの設置が奨励された．また，サンフランシスコ地震（1989年）やロサンゼルス地震（1994年）などの大規模災害時や，最近では2001年9月のニューヨークおよび米国国防省（ペンタゴン）の同時多発テロ事件の発生により，当該地区の連邦政府関係機関のオフィス機能が麻痺し，道路閉鎖などによる交通遮断や

渋滞が引き起こされた．このような国家安全に対する緊急事態発生時においても，業務を円滑に継続，維持・確保する手段やリスク分散対策としても，テレワークセンターの設置が強く奨励されている．

連邦政府行政機関の職員を対象としたテレワークの導入開始は，クリントン政権時代に始まる．テレワークの導入理由は，行政改革の一環やオフィススペースの削減による有効活用の推進，地域住民へのサービス向上，職員の仕事への取り組み意欲の喚起向上，障害者や女性（シングルマザーなど）の雇用機会の拡大，省エネ，前述した交通緩和や大気汚染防止と地球温暖化対策などがあげられる．

1999年現在，稼動中のテレワークセンターは17箇所である．連邦政府職員を対象として，1996年にワシントン周辺地域に設置された．これらテレワークセンターの利用対象者は，現在では連邦政府ならびに地方行政機関の職員および民間企業勤務者にまで拡大している．

連邦政府関係のテレワークセンターの代表例として，連邦政府事業としてショッピングセンター内に設置されたメリーランド州ウォルドルフ・テレビジネスセンター（連邦政府職員約200名利用．そのうち女性利用者66％）や連邦総務庁やマナサス市の共同事業で運営されているバージニア州のマナサス・テレコミューティングセンター（ブース利用料月間200ドル．女性利用者60％）などが代表的なものとしてあげられよう〔「テレワーク白書2000」（前掲），60頁参照〕．

EU連合諸国のテレワーク人口は，1999年（平成11年）6～8百万人に達している．実施比率の高い国は，オランダ18.2％，デンマーク11.6％，スウェーデン9.0％である．テレワークの推進は，アメリカのような交通混雑の緩和や大気汚染防止対策というより，情報化の進展に伴う雇用の拡大や地域経済の発展，社会の安定性という視点から導入されたようである（表3－2）．

日本テレワーク協会2003年の調査をみると，日本のテレワーク人口は，週8時間未満を含める1,042万人と推定されている．この数字は欧米先進国と比較しても，日本におけるテレワークへの関心度の高さがうかがえよう．

表3-2　米国とEU主要国のテレワーク実施比率とテレワーク人口

	97年後半	98-99年	98-99年	97年から98-99年
	テレワーク実施率	テレワーク人口	テレワーク実施率	増加率
アメリカ	9.1%	1,570万人	12.9%	+42.0%
オランダ	9.1%	120万人	18.2%	+100%
デンマーク	9.7%	30万人	11.6%	+20%
スウェーデン	5.4%	30万人	9.0%	+66%
フランス	1.1%	40万人	1.8%	+67%
フィンランド	6.3%	19万人	6.3%	+27%

原資料）㈳日本テレワーク協会『テレワーク白書2000』により作成．
資料）European Telework Information Day 1999.Brussels.

2．テレワークと女性労働環境の革新

（1）就業期待の増大

　日本の伝統的労働価値観は「男性は職場，女性は家庭」という固定化された男女役割分担の考え方に基づくものであった．しかし，バブル経済崩壊以後，日本型企業社会の変貌，日本的経営の変化が従来の雇用形態にも影響を及ぼすようになり，伝統的労働価値観も揺らぎ始めた．また，雇用調整のもとにリストラが実施され，その結果生じた失業者の救済に新たに，「IT産業」の育成が政府・産業界で共に叫ばれるようになった．このような経済的変化，技術的転換に加えて，少子化・高齢化という社会構造変化のなかで，従来の補助的労働要員，また家事・育児などの役割分担という見方が当然視されていた女性労働に対する日本的雇用慣行や固定観念に異議を唱える声が大きくなってきた．

　また，女性の高学歴化に伴い，専門能力を活かして就業の継続化を志向し選択する女性も増加してきている．未婚女性の場合は，専門能力を継続的に発揮する機会と自由度はある程度確保されるが，問題は，既婚で幼い子供を持つ女性と介護をしなければならない家族がいる場合である．育児と介護が就業する上で障害となり，仕事との両立が依然として難しいのが現状である．

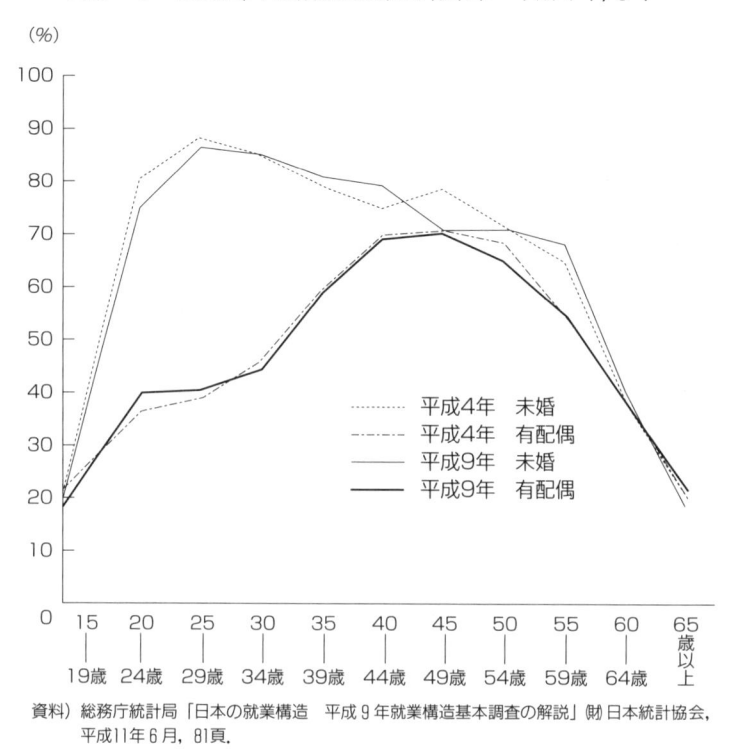

図3-1　配偶者, 年齢階級別女性の有業率―平成4年, 9年

資料）総務庁統計局「日本の就業構造　平成9年就業構造基本調査の解説」(財)日本統計協会, 平成11年6月, 81頁．

　未婚女性および有配偶女性の有業率について，1992年（平成4年）と1997年（平成9年）の状況を年齢別にみると（総務庁統計局「1997年就業構造基本調査」）（図3-1），有配偶女性では平成9年では20〜29歳にかけて，平成4年と比べると有業率は上回っている．しかし，30〜44歳においては低下傾向を示している．反面，未婚女性の場合は同じ年齢区間では上昇している．なお，M型曲線については，未婚女性は25〜29歳，有配偶女性では45〜49歳にピークを示している．また，有配偶女性で就業していない女性の就業希望をみると，20〜44歳までは6割前後の割合で就業を希望している．なかでも，20〜39歳の就業希望者は多い（図3-2）．

図3-2 年齢階級別就業希望率及び求職率（有配偶女性無業者）

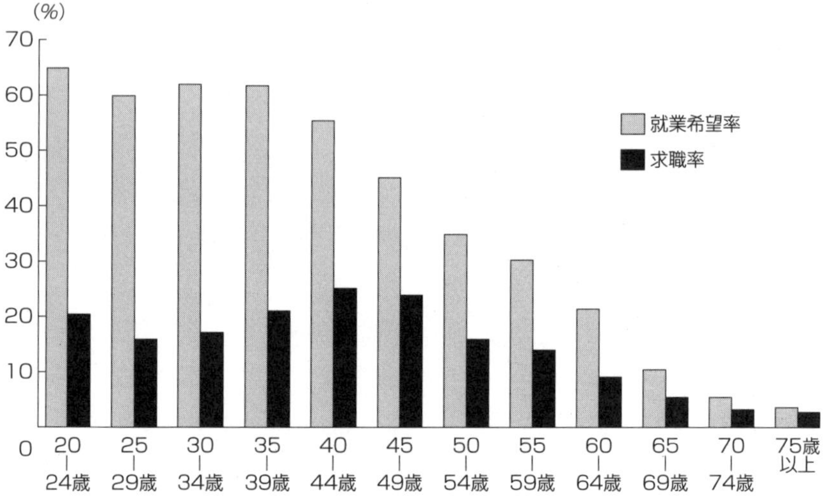

資料）総務庁統計局「日本の就業構造 1997年就業基本調査の解説」1999年6月，89頁．

（2）インターネット利用者の増加とテレワーク

　国土庁の「東京近郊の女性の就業意向に関する調査」（1998年）[22]によると，東京近郊の女性の39.5％がテレワークを「是非してみたい」，50.0％が「してみたい」という回答を寄せている．9割近くの女性が，テレワークに対して関心を持っている．女性が，テレワークにこのような高い関心を持つ理由としては，企業における情報化の進展，さらには個人ユースの情報機器保有の促進などがまず第一にあげられる．積極的に女性労働を活用していこうとする企業自体の組織風土の変化や，女性の高学歴化などに伴う仕事（高度で専門的な領域）への能力に対する挑戦的意識の高まりや，仕事に対する自律的精神の高揚が背景にあると思われる．

　上述の「東京近郊の女性の就業意向に関する調査」（国土庁，1998年）による，20～40歳未満の女性のテレワークに対する関心の高さをも合わせて考えるならば，テレワークへの取り組み意欲の旺盛さがうかがえる．しかし，総務庁の調査によれば，実際に求職活動を行っている割合は25～34歳の階層では高いとは

いえない（図3-2）．

　図3-1，3-2に示されている状況の解説では，有配偶女性で20～34歳の非求職最大の理由として「家事・育児や通学などで忙しい」があげられている．このことから，前述した30～44歳有配偶女性の有業率の低下と，25～34歳での求職活動の不活発化の要因との関連が深いことが推察できる．また，上記資料で就業している有配偶女性の学歴を年齢階級別にみると，20～34歳までは大学・大学院卒が多いのが特徴である[23]．このことから，主体性と自律性傾向の高い高学歴の女性の増大によって，家事・育児などに拘束される従来型の労働環境を脱却したいという期待が一層大きくなってきていることがわかる．

　情報ネットワーク社会の進展，経営革新の進展傾向が強まるなかで，特に，女性労働に関しては女性の高学歴化に伴う女性の労働観，仕事観の変化と相まってテレワーキングという就業形態に対する関心は高まりつつある．また，企業においても，経営の外部化の進展とともに従来のジェンダー区分による人材意識は薄れてきており，能力主体の人材活用の方向に動いている．このことは，女性テレワーカーにとっては明るい展望といえよう．

　なお，「Chapter 2の3．情報通信技術革新と女性労働」でも述べたように，日本でもインターネット利用者の増大に伴って，SOHOやテレワーク・在宅ワークを志向する女性就業者が増加することが予測される．

　①今後のテレワークの可能性を測るために，女性労働環境の変化とインターネット利用者との関連性について相関分析を試みた（表3-3）．分析要因として，①25～34歳女性雇用者数，②女性パートタイマー雇用者数，③女性高学歴者数（大卒以上），④女性の専門職・技術職就業者数，の4つの要因を設定した．

　相関分析結果，インターネット利用者の増加推移と，女性雇用者数（25～34歳），女性パートタイマー，女性高学歴（大学以上）および女性の職種（専門職・技術職）の4つの要因のなかで，女性の高学歴化の推移が最も高い相関関係を示している（0.9999，$p<.01$）．このことは高学歴の女性ほどITに関心を持つ環境条件に接することが多く，それがテレワークへの関心度を高めている

表3-3　家庭でのインターネット利用者と女性就業との相関マトリックス

	1	2	3	4	5
1．インターネット利用者					
2．25〜34歳女性雇用者	0.9494				
3．女性パートタイマー	0.8474	0.9709*			
4．女性大卒者	0.9999**	0.9476	0.8442		
5．女性専門・技術職者	0.8473	0.9526*	0.9768*	0.8425	

*($P<.05$)：$r=.950$　**($P<.01$)：$r=.990$

ものと考えられる．女性の高学歴化に伴って今後ともテレワークを志向する女性就業者・希望者が増大する可能性は大きい．

（3）M型就業パターンとテレワーク

　マクロ的にみて日本の女性労働問題の所在は，先進欧米諸国との労働力率比較で，年齢階級別労働力率カーブが"M"型で示される点にある．そして"M"カーブを描かせる要因，すなわち就業を中断しなければならない主要な原因として，仕事と家庭の両立性の困難さがあげられる．この両立困難さをいかに克服するか，あるいは両立負荷を軽減させる方法はなにかが，日本の女性労働問題の重要な解決課題である．本書ではその解決手段，言い換えるならば，女性の就業継続を可能にする手段としてIT化を基盤にしたテレワーク・在宅ワークを位置付けている．

　"M"型克服の解決手段として，テレワーク・在宅ワークを有効化した場合，女性労働力率の推移にどのような変革をもたらすか検討してみよう．図3-3は，労働力率のカーブがテレワーク・在宅ワークの拡充により出産・育児などで就業中断することなく継続しフラット化され（太線で囲んだ部分），既婚の子供のいる女性や中高年者の就業継続を実現する可能性を示したものである．課題として残るのは，就業継続を中断して，再度職場に復帰する就業者や在宅ワークを選択した就業者のスキルアップをどうするかということである．特に，技術進歩が急速で利用分野も拡大しているテレワーク領域では，仕事の発注先

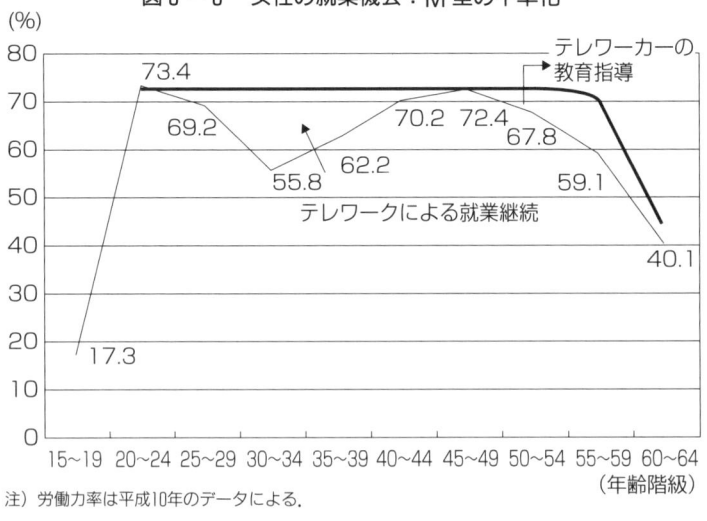

3 ●IT化の進展と女性労働の多様化

図3-3　女性の就業機会：M型の平準化

(%)

- 15~19: 17.3
- 20~24: 73.4
- 25~29: 69.2
- 30~34: 55.8
- 35~39: 62.2
- 40~44: 70.2
- 45~49: 72.4
- 50~54: 67.8
- 55~59: 59.1
- 60~64: 40.1

テレワーカーの教育指導
テレワークによる就業継続
（年齢階級）

注）労働力率は平成10年のデータによる．

　ニーズの高度化に応じた能力育成向上が要請される．能力向上の方法として，注目されるのがe-ラーニングである．仕事と家庭の両立を担うケースが多い女性就業者にとって，時間，場所を固定化せず，いつでも，どこでも学習できるIT活用のe-ラーニングは有効な教育システムといえよう．

　また，今後は定年退職後，あるいは中高年層になっても学習意欲を持つ人びとも増大していくことが予想される．さらに日本における労働の流動化傾向も強まることを考えるならば，従来の日本企業の雇用形態の特色でもあった企業内研修の効果も期待できない．生涯教育，社会人教育のニーズが高まるなかで，IT活用のe-ラーニングの観点からテレワーカー人材の育成およびスキルアップの必要性は，年齢別階級に拘わらず増すであろう．例えば，中高年層に達しても，個々のニーズに応じたIT教育が享受できる．また，これまで培ってきた経験を基盤に，e-ラーニングで引き続き学んだ専門知識や高度なスキルを，後輩や教育ニーズを持つ個々のテレワーカーに合わせてIT育成指導にあたることも可能になろう．IT化を基盤としたネットワーク社会では，仕事と家庭の両立を可能にする生活・労働価値観の浸透，IT化を活用した教育の継続に

より，テレワークを含めて多様な就業形態に合わせた雇用機会創出が期待できる．そして，その結果としてM型のフラット化が実現できよう．

3．テレワークの対応と推進要因

（1）テレワークと労働環境整備

情報通信技術の進展という環境変化のなかで，テレワークの可能性が高まりつつあることは事実であるが，社会的，経済的，法的，行政的あるいは企業の視点からテレワーカーの環境や条件整備を考察すると，解決すべき問題は多い．例えば，固定された就労場所がないテレワーカーにとって，現行の労働基準法[24]がどのように適用されるのかなど検討の余地は大きい．また，テレワークを志向する者にとって，能力育成向上のための教育投資や情報機器に対する投資などの経済的負担も大きい．これらに対する公的支援制度あるいは産業界からの支援なども検討課題としてあげられよう．

IT革命はさまざまな可能性を示唆するが，社会，経済，産業といったマクロ的視点だけでなく，地域，家庭，個人などミクロ的な見地からのメリットも最適化する工夫が必要である．すなわち，テレワークは，情報ネットワーク社会の主要な労働分野に関する課題であり，言い換えるならば，個人と企業，家庭と仕事という従来の2分法的考え方の境界を取り去り，両者を融合した最適化を実現しうる可能性を帯びた課題でもある．そして，一方が不利益を蒙るということが生じないルール・仕組みづくりについても考えなければならない．

最近の労働環境においては，少子化・高齢化などの社会的構造変化，あるいは女性の高学歴化に伴って，従来，事務作業など補助的，定型的仕事に限定されてきた女性労働の戦力化，すなわち女性能力の積極的活用が行政や企業において注目されている．

女性労働環境の変化[25]は，家事・育児の役割分担は女性という固定観念や，

仕事をする場合は補助的労働要員が妥当とする日本的雇用慣行や通念の転換を迫ることになる。さらに，女性の高学歴化に伴い専門能力を活かす場や就業継続化を志向・選択する女性も増大している。

家事や育児を行いながらも女性の就業意識は高まってきており，既述した図3－2で示されているように，有配偶で仕事についていない女性の就業希望率は，20～44歳で6割前後が就業を希望している。なかでも20～39歳までの出産・育児年齢階級の就業希望者（6割以上）は多い。

1992年（平成4年），1997年（平成9年）の有配偶女性の有業率が20～34歳において低下しており（図3－1），さらに25～34歳の求職活動の不活発な状況（図3－2）と関連づけてみるならば，女性の家事・育児の負荷の大きいことが推察できる。IT化の進展，特にテレワークは，女性就業者にとって個人的には専門知識や技能を活かせること，そして育児や介護の容易性（家庭と仕事の両立），時間と場所（通勤）の制約からの自由，広い仕事場スペースの制約からの解放や企業サイドからみても，有能な人材のアウトソーシングの実現，人件費やオフィスなど固定費の節約などのメリットがあり，新たな就業形態として注目される。

（2）テレワーク推進要因

テレワーク推進要因[26]としては，①情報通信技術の発達，②企業における柔軟な雇用体制の萌芽と進展，③働く側の就業意識の変化，の3点をあげることができる。特に情報通信技術の進展に伴う企業および個人（家庭）使用の情報通信機器の普及とネットワーク化が最大の要因といえる。平成12年度の通信白書（郵政省）によると，企業の通信利用動向は平成11年の段階で，LANの利用が90.3％，インターネット88.6％，電子メール86.0％である。いずれも前年対比それぞれ7.0，8.6，9.8ポイント伸びている。平成10年度の83.3％，80.0％，76.2％と比較していずれも高い伸びを示している[27]。また家庭における情報通信機器の普及状況について，平成7年と平成11年の保有率（世帯）をみるならば，以下のとおりである。

	〔平成7年〕	〔平成11年〕
パソコン	16.3%（100）	37.7%（231）
ファクシミリ	16.1%（100）	34.2%（212）

　情報ネットワーク加入率は，携帯電話は64.2%と高く，インターネットについては平成11年度で19.1%と5世帯に約1世帯が加入している[28]．平成12年の経済白書（経済企画庁，平成12年7月発行）は，総務庁の家計調査に基づいた消費のIT関連支出の増大傾向について触れ，名目消費全体が低迷しているなかでIT関連支出が消費を下支えしているとしていると述べている[29]．インターネットや携帯電話を中心とするモバイルなど家庭での急速な普及は，女性労働，特に，育児や介護に拘束されることが多い主婦に新たな就業形態と機会を提供することになろう．

　パソコン，ファクシミリともに家庭での普及は，4年間でそれぞれ2.3倍，2.1倍と増加し，インターネット加入者も2割近くに達している．インターネットの登場は，既存社会におけるさまざまなシステムに変革をもたらす可能性を多分に含んでいるが，当然，企業と個人の就業関係にも新たな可能性を生み出すことが考えられる[30]．既述したように情報通信技術の発達は，働く時間と場所の柔軟性[31]を強め，テレワークなど新しい就業形態を促進させる．また，情報ネットワーク化の進展は，必然的にテレワークの普及にインパクトを与える．

　㈳日本テレワーク協会の実態調査研究報告書（平成12年度版）によると，企業がテレワークを実施した場合の効果については大企業，中小企業[32]いずれも，
「勤務者の移動時間の短縮・効率化」（47.1%）
「オフィスコストの削減」（33.3%）
「勤務者にゆとりと健康的な生活を与える」（28.6%）
「勤務者の自己管理能力の向上」（25.0%）
などが，非常に効果があると評価している（図3－4）．オフィスコストの削減項目を除いて，ほぼ就業者側のメリットに高い評価を与えている企業が多く，

3 ●IT化の進展と女性労働の多様化

図3－4　テレワークの目的別実施効果

項目	非常に効果が上がっていると思う	やや効果が上がっていると思う
勤務者の移動時間の短縮・効率化(N=34)	47.1%	38.2%
定型的業務の効率・生産性の向上(N=18)	16.7%	66.7%
勤務者にゆとりと健康的な生活を与える(N=14)	28.6%	50.0%
勤務者の自己管理能力の向上(N=16)	25.0%	50.0%
オフィスコストの削減(N=15)	33.3%	40.0%
創造的業務の効率・生産性の向上(N=18)	0.0%	72.2%
顧客満足度の向上(N=20)	20.0%	50.0%
通勤弱者(身障者,高齢者,育児中の女性等)への対応(N=8)	12.5%	50.0%
優秀な人材の雇用確保(N=8)	12.5%	37.5%
その他(N=1)	0.0%	100.0%

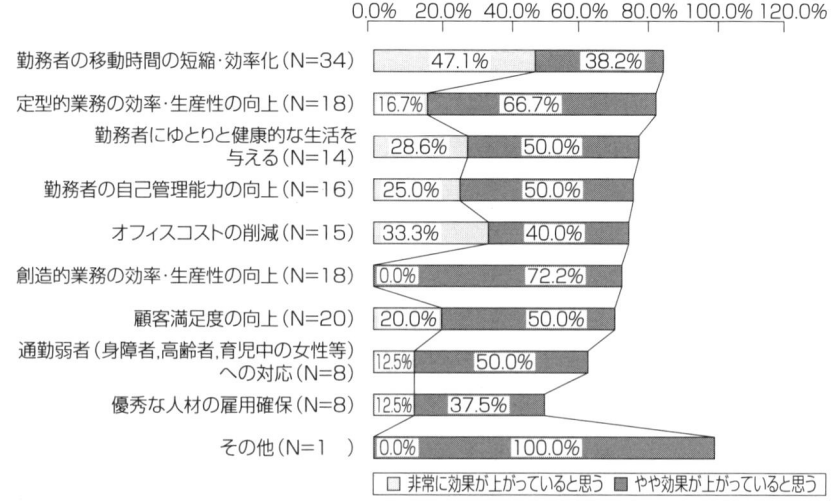

資料）㈳日本テレワーク協会「日本のテレワーク実態研究報告書」平成12年5月，25頁．

新たな勤務のあり方について企業側の関心の高さがわかる．

　日本労働研究機構の調査報告『情報通信機器の活用による在宅就業の実態と課題　No.113』(1998年) によると，在宅就業者に発注する企業（発注者）からみた在宅就業者活用のメリットとして，①仕事量の増減に弾力的に対応できる(76.4%)，②専門能力を有する人材を活用できる (65.3%)，③人件費コストの削減 (38.9%)，④退職者の能力活用 (29.2%)，⑤在宅主婦能力の活用 (25.0%) があげられている（表3－4）．

　さらに，前述のテレワークの実施効果および発注者の在宅就業者活用の経営的メリットとしては，①コスト（人件費）節減，②企業側，就業者側双方における仕事の管理の容易性，③就業者の専門能力活用，の3点が指摘できる．

　今日，仕事と生活（家庭）の両立の重要性を認識することは，企業経営の主要な戦略的課題[33]である．仕事と家庭両立支援に熱心で効果をあげているファミリー・フレンドリー企業[34]にみられるように，仕事と家庭の両立支援を経営のなかに取入れることは，まさに少子化・高齢化などの社会・経済構造の変化

表3-4 最多人数職種別にみた発注者が感じているメリット（複数回数）

社(%)

	プログラミング等	調査,計算処理	設計製図デザイン	DTP,電算写植	ライター翻訳	文章等入力・処理	その他	混合	合計
仕事量弾力的対応	23 (65.7)	7 (70.0)	41 (82.0)	8 (100.0)	8 (57.1)	57 (82.6)	10 (83.3)	11 (61.1)	165 (76.4)
人件費コスト削減	8 (22.9)	2 (20.0)	16 (32.0)	2 (25.0)	5 (35.7)	35 (50.7)	8 (66.7)	8 (44.4)	84 (38.9)
オフィスコスト削減	7 (20.0)	2 (20.0)	10 (20.0)	1 (12.5)	4 (28.6)	12 (17.4)	4 (33.3)	4 (22.2)	44 (20.4)
専門的人材の活用	25 (71.4)	7 (70.0)	37 (74.0)	5 (62.5)	13 (92.9)	36 (52.2)	8 (66.7)	10 (55.6)	141 (65.3)
退職者の能力活用	16 (45.7)	5 (50.0)	12 (24.0)	1 (12.5)	2 (14.3)	15 (21.7)	7 (58.3)	5 (27.8)	63 (29.2)
主婦労働力の活用	8 (22.9)	3 (30.0)	4 (8.0)	1 (12.5)	1 (7.1)	27 (39.1)	7 (58.3)	3 (16.7)	54 (25.0)
高齢者障害者活用			2 (4.0)		2 (14.3)	3 (4.3)			7 (3.2)
管理の手間省ける	3 (8.6)		9 (18.0)	1 (12.5)	1 (7.1)	9 (13.0)	2 (16.7)	3 (16.7)	28 (13.0)
生産性向上	4 (11.4)	1 (10.0)	11 (22.0)	1 (12.5)	3 (21.4)	19 (27.5)	3 (25.0)	6 (33.3)	48 (22.2)
その他								1 (5.6)	1 (0.5)
合　計	35 (100.0)	10 (100.0)	50 (100.0)	8 (100.0)	14 (100.0)	69 (31.9)	12 (5.6)	18 (8.3)	216 (100.0)

資料）日本労働研究機構『調査研究報告書　情報通信機器の活用による在宅就業の実態と課題　No.113』1998年，179頁．

に適応していくための支柱ともいえよう．

　日本労働研究機構の調査研究[35]によると，テレワークの従事者には「職人」的特性に相通じる職業観を持っている者が多く，従来の企業組織に「会社員」という身分で（制約されたかたちで）仕事に従事する者とは異なる．テレワークという就業形態に惹かれる者の職業観は，高い能動的自我意識が基盤になっているとされている．仕事に対する主体的，能動的な取り組み姿勢を持つ人間や，時間的拘束がないこと，通勤や人間関係の煩わしさからの解放を優先事項と考える就業者の登場も，テレワークをより推進させる要因になろう．

注

1 今井賢一は「ネットワーク」という言葉について，それを用いると連結の内容を離れてなんとなく相互依存関係にあるシステムを理解でき，また連結の背景にある利害対立が隠れて調和的な関係に聞こえると述べているが，この言葉のなかの相互依存，調和をいう概念は「ネットワーク社会」の中核になるものと理解する．今井賢一『情報ネットワーク社会』岩波新書，1999年，4-5頁．

2 女性の新規大学卒就職率は，1994年以降60％台で推移し，1999年度は59.8％と50％台に落ち込んできている．前年対比4.7％低下．㈶21世紀職業財団「平成11年度版女性白書―働く女性の実情―」労働省女性局編，2000年，22頁，付39頁．

3 柔軟性（flexibility）のある就業スタイルが，男女の差なく注目されている．その背景には，自己のライフスタイルの尊重を基本にした労働価値観への変化や，男女ワーカーの高学歴化，少子化・高齢化が将来の産業構造に与える影響，さらに交通問題・都市問題などの社会環境問題からの従来の労働のあり方の見直しなどが，情報技術革命の進展とリンクされたかたちで討議される潮流が高まったことによる．藤井治枝『日本企業社会と女性労働』ミネルヴァ書房，1996年，326-336頁．

4 米国商務省（室田康広訳）『ディジタル・エコノミー』東洋経済新報社，1999年，94-96頁．

5 経済企画庁「平成12年版経済白書」2000年7月，163頁．

6 労働大臣官房政策調査部偏「平成11年就業形態の多様化に関する総合実態調査結果の概要」『労働統計調査月報』Vol.52，No.8，平成12年8月，24頁．

7 ㈳日本テレワーク協会『日本テレワーク実態調査研究報告書』（平成12年度版）』平成12年5月．38頁．本調査では「企業調査」「ワーカー調査」の２種類のアンケート調査を実施した．「企業調査」は，東京，大阪，名古屋，福岡，広島，仙台，札幌の７都市．608社（回収企業数），「ワーカー調査」は1,620人（回収数）．

8 日本マルチメディア・フォーラム　テレワークワーキング・グループ『在宅オンラインアンケート調査報告書1999』平成12年3月．11頁．有効回答数：2,207．回答者のうち，在宅勤務を希望する者：会社員および個人業全体で69％．

9 ITのような革新的情報技術は，既存の労働市場と異なり，不連続な雇用を生み出すという影響を労働市場に及ぼし，新たな経済活力を生起させる原動力になろう．篠崎彰彦「IT革新の時代がもたらす雇用改革」（『経済と労働'99　III』，東京都労働経済局，平成12年3月，37-41頁．

10 涌田宏昭『ネットワーク社会と経営』中央経済社，1999年，105-109頁．SOHOを例にとり情報技術の発展過程で仕事の仕方と組織に対する人の立場が著しく変化することを指摘している（109頁）．本書執筆者も，ITは単なる情報化が企業のあり方にだけ注視されることに疑問をもっている．企業だけではなく，社会・生活構造を含めた社会システム全体に革新的変化を与えるものと考える．

11 ㈳日本テレワーク協会『日本テレワーク実態調査研究報告書』2000年5月，1頁．㈳日本テレワーク協会は，その前身を日本サテライトオフィス協会（1991年1月設立）とし1999年に名称変更，オフィス形態に関する実証的研究の実績をあげている．名称変更の意図は，テレワークを推進普及させその母体としての機能を強めるところにある．
12 日本労働研究機構「テレワーキングと職業観」調査研究報告書2000，No.131，17-20頁．本調査研究報告書では，3点目としてテレワーク従事者の就業上の地位については，定義に含めないとしている（20頁）．
13 労働省労政局勤労福祉部編『テレワーク導入マニュアル』1999年5月，8頁．
14 テレワーキング・ヨーロピアン・ガイドとして，上述の労働省の導入マニュアルと同じ主旨のものが，1995年に発行されている．European Foundation for the Improvement of Living an Working Conditions, European Guide to TELEWORKING:A frame for action,1995,pp.13-15.
15 郵政省「通信白書」2000年6月，51頁．2000年度版のテレワークの分類は，1999年度版通信白書による．
16 W.A.スピンクス『働き方革命―テレワーク世紀』日本労働研究機構，1998年，71頁．
17 小豆川裕子・W.A.スピンクス「企業テレワーク入門」日経文庫，14頁．主体による分類（被雇用者が行うテレコミューティング，自営業者のSOHO，請負の在宅ワーク）と時間による分類（ホームオフィス，サテライトオフィス，テレワークセンター，モバイルワーク）の2点から分類．
18 非雇用者が行うテレコミューティングは，米国において一般的に認知されている概念である．テレワークとの区分は曖昧である．W.A.スピンクスは，テレコミューティングをテレワークの一部というとらえかたもあると指摘している（W.A.スピンクス『前掲書』71頁）．本書ではテレワークという用語で統一する．
19 ㈳日本テレワーク協会「日本のテレワーク実態調査報告書（2000年度版）」2000年5月にあるテレワーク類型化基準は，勤務場所を基準とした類型化がなされている．33頁．
20 ㈳日本テレワーク協会 http://www.japan-telework.or.jp より抜粋
21 ㈳日本テレワーク協会『テレワーク白書2000』2000年，78頁-80頁．
22 国土庁『女性の就業に対するテレワークの可能性―東京近郊における女性の新たな就業形態に関する調査』平成10年12月，12頁．
23 20～30歳代前半まで，大学・大学院卒の有業率は低下している．30歳半ば以降では，短大・高専とほぼ同じ水準傾向を示している．総務庁統計局「日本の就業構造　平成9年就業構造基本調査の解説」94頁．
24 森戸英幸「わが家が一番？―情報化に伴うテレワーク・在宅勤務の法的諸問題―」『日本労働研究機構』No.467，June 1999，日本労働研究機構，46-51頁．
25 女性の高学歴化，長期勤続者の増加，労働基準法の改正や均等法などの制度や法整備が，女性の職域拡大を着実に進展させている．熊沢誠『女性労働と企業社会』岩波書店，2000年，90-93頁．

26 労働省の分析では，企業の人事労務に対する考え方と政策の変化，若年労働人口の減少，生活者個人のライフスタイル，さらにはワークスタイルの変化が指摘されている．なお，米国での推進要因としては，ITの発達があげられている．労働省労政局『テレワーク導入マニュアル』平成11年，21-22頁．

27 郵政省「平成12年度版　通信白書」2000年6月，175頁．

28 同上書，177頁．ワープロの保有率は，1997年の50.0%をピークに，1998年46.9%，1999年44.2%と減少し，PCへのシフトを物語っていると推察される．

29 同上の通信白書では，消費支出における情報関連支出は，1995年104.2，1999年134.7と大幅拡大したとしている．消費支出は，それぞれ105.2，103.8とほぼ横ばいか低下傾向を示している．155頁，179頁．

30 野中郁次郎は，新しい情報技術や情報インフラ，情報ネットワークの誕生が，既存の社会システムに変容をもたらし，新しいタイプの社会的ネットワークの誕生を可能にすると述べている．テレワークは，働く場所と時間が固定されていた既存社会システムの制約に変革をもたらすだけでなく，家庭と仕事の両立，女性の社会的位置づけの再評価と女性労働活用の重要性の認識など，ジェンダー的課題に対してもインパクトを与えるものと考えられる．野中郁次郎/ネットワーク・ビジネス研究会『ネットワーク・ビジネスの研究』日経BP，1999年，34-39頁．

31 古郡鞆子は，時間の弾力化，場所の弾力化が電子機器による情報伝達という要素と結合することによって，「時間と場所の弾力化（テレコミューティング）」が可能になることを示唆しているが，現在それは経済的・企業経営的視点からも政策ないし戦略として具体化されつつある．古郡鞆子『非正規労働の経済分析』東洋経済新報社，1997年，105-108頁．

32 本調査の企業規模は，平成12年4月からの改正中小企業基本法以前の基準による．

33 仕事と生活の両立（work／life balance）のための戦略タイプとして「時間基盤戦略」（Time-based strategies）がある．これは時間の柔軟性，すなわちフレックス・タイムを中核に就業者が自ら時間管理を行うことによって，仕事の効率性の実現とゆとりある自己の生活の確立を図るものである．Dayle M.Smith,Ph.D.,Women at Work Leader for the Next Century,Prentice Hall,2000,pp.171-173

34 「ファミリー・フレンドリー企業」とは，女性労働の活用を積極的にすすめている企業を意味する．これら企業では，人事政策などに仕事と家庭が両立できる環境づくりを反映させる努力をしている．拙稿「ファミリー・フレンドリー企業に関する一考察―女性労働環境整備とファミリー・フレンドリー思想の企業への浸透―」（『白鷗女子短大論集』第25巻　第1号，平成12年6月，1-15頁）．

35 日本労働研究機構『調査研究報告書　テレワーキングと職業観　No.131』2000年5月，72-77頁．テレワーク従事者の職業観が，わが国の職人と称される職業人に相通じる職業観を持っているという指摘は興味深い．

Chapter 4

テレワークとしての在宅ワークの進展と女性の就業機会

1．テレワークの進展と在宅ワークの普及

（1）テレワーク人口の増加とテレワーク実施企業

「日本のテレワーク実態調査研究報告書」〔平成12年度版，㈳日本テレワーク協会〕によると，2000年度の全国のテレワーク人口は，2,464千人と推計している．また，5年後の2005年には，1.8倍の4,452千人に増加すると予測している[1]．

なお，7大都市（東京，札幌，仙台，名古屋，大阪，広島，福岡）についても2000年のテレワーク人口は，約1,121千人（約46.0％），5年後には1,605千人で1.43倍になると推計されている．また同実態調査で企業のテレワーク実施状況について規模別にみると，調査回答のあった企業（N＝579社）のうち，74社の12.7％がテレワークを実施している．内訳は，中小企業（N＝279）10.0％，大企業（N＝196）13.8％，上場企業（N＝82）20.8％である．また，「テレワークを導入・実施を認める予定」企業は1.6％，「テレワーク導入を検討中」は9.5％，以上「導入・実施予定・検討中」を合わせると23.8％である（図4－

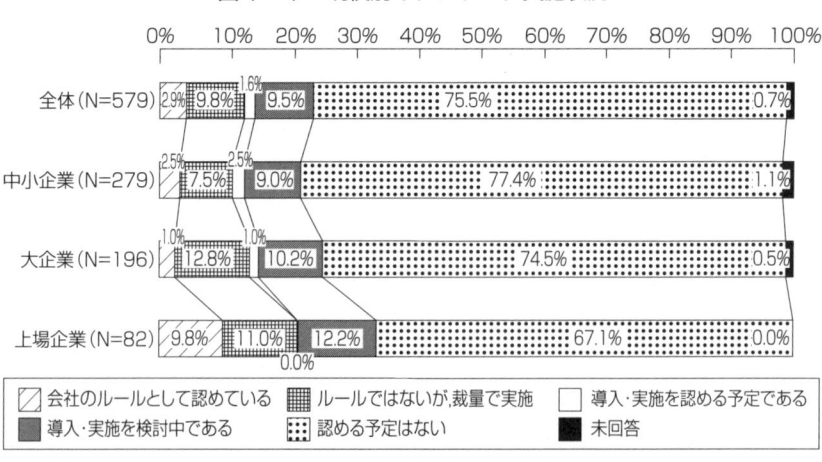

図4－1　規模別のテレワーク実施状況

	会社のルールとして認めている	ルールではないが、裁量で実施	導入・実施を認める予定である	導入・実施を検討中である	認める予定はない	未回答
全体(N=579)	2.9%	9.8%	1.6%	9.5%	75.5%	0.7%
中小企業(N=279)	2.5%	7.5%	2.5%	9.0%	77.4%	1.1%
大企業(N=196)	1.0%	12.8%	1.0%	10.2%	74.5%	0.5%
上場企業(N=82)	9.8%	11.0%	0.0%	12.2%	67.1%	0.0%

資料）㈳日本テレワーク協会「日本のテレワーク実態研究報告書」平成12年5月，13頁．

1)．

　前述したテレワーク人口及び企業における実施状況を踏まえて，テレワークのひとつの形態である在宅ワーク進展の可能性をみてみる．日本労働研究機構の調査によると[2]，在宅ワーカーに仕事を発注している企業は，調査対象業種全体で30.8％である（表4－1）．過去1年間の在宅ワーカー利用経験の有無を含めると4割近くになり，在宅ワークの普及状況は高いと思われる．同じ対象業種で在宅ワークの未利用企業に今後の普及の可能性をみると，利用可能としている企業は47.3％，さらに検討中を加えると51.1％と利用への関心は高い．

　従業員規模別に在宅ワーカーの利用状況についてみると，20人未満では3割以上の数値を示しているが，20人以上従業員規模が増加するにしたがって2割台の水準に留まっている．このことは，当報告書でも指摘しているように，調査対象業種の規模特性が小規模であることによる．しかし，今後の利用可能性については，50人以上〜99人で検討中（2.4％），可能性あり（50.9％）の両者で53.3％，100人以上〜299人で同じく59.0％，300人以上で62.0％を占めており，従業員規模が大きい企業での普及可能性は高い（表4－1と同資料46頁）．

　また，在宅ワーカー側から㈱NTTデータが2000年3月に実施した「女性の就業と在宅ワークに関するにアンケート」[3]によると，在宅ワーク実施中の者は61.9％，97年以降に実施して現在やめている者は34.4％である．年齢構成

表4－1　業種別にみた在宅就業者の有無

社(%)

	印刷出版	情報サービス等	設計デザイン	翻訳速記	その他	無回答	合計
いる	183 (34.7)	235 (33.1)	175 (31.0)	6 (85.7)	72 (20.0)	6 (20.7)	677 (30.8)
いたことがある	36 (6.8)	65 (9.1)	59 (10.4)		18 (5.0)	1 (3.4)	179 (8.1)
いたことがない	309 (58.5)	411 (57.8)	331 (58.6)	1 (14.3)	270 (75.0)	22 (75.9)	1344 (61.1)
合　計	528 (100.0)	711 (100.0)	565 (100.0)	7 (100.0)	360 (100.0)	29 (100.0)	2200 (100.0)

資料）日本労働研究機構「情報通信機器の活用による在宅就業の実態と課題1998, No.1」1998年，43頁．

は，25〜29歳が10.0％，30〜34歳が38.6％，40〜45歳が15.1％，未既婚別は，未婚者3.5％，既婚者は94.4％，子供の有無は，有子が85.7％である．最終学歴についてみると，大学卒34.8％，短大・高専26.2％，高校卒19.0％が上位を占める．

さらに，日本労働研究機構が1996年10月〜97年2月に行った「在宅ワーカー」の調査[4]によると，「女性子供有り」が50.9％，と半数を占め，次に「女性子供無し」24.9％と全体の約76％は女性の在宅ワーカー（独立型：請負自営）である．男性は，男性有配偶14.0％，独身男性10.2％である．年齢，学歴などの特徴に関しては，子供有り，子供無しとも30歳代が大半を占める．子供無しでは，20歳代後半においても在宅ワーカー従事傾向がみられ，大学・大学院卒が4割近くと高学歴化の傾向を示している．

近年，企業におけるテレワーク活用もマネジメント戦略として位置付けており，単に場所・時間にとらわれない，通勤時間の短縮という導入段階の課題から，業務の効率化，組織効率の向上や時間（移動時間）の有効活用など，生産性の向上や，個人の動機づけ，自己実現欲求の実現に沿った仕事場創造，そして，さらに育児・介護，福利厚生，社会福祉を目的として経営の視野に入れたかたちで戦略的，政策的に展開する傾向がみられる．

日本IBM㈱，東芝の具体例をみてみよう[5]．まず，日本IBM㈱では「e-work制度」を2001年12月から全社を対象に導入した．この制度は，1日の勤務の全部または一部について自宅での勤務を認める制度である．この制度の目的は，成果主義の条件下で，自律性が高く，専門能力を活用して業務を遂行する社員が，仕事と家庭の両立を図りながら成果を達成する就業環境を創ることにある．また，日本IBM㈱もe-ビジネスを自ら実施することにより，勤務場所，形態に制約されないワーク・フレキシビリティの実現が可能になる．この制度の対象者は，勤続1年以上または副主任以上，業務が自宅で可能，勤務時間管理・業務管理の実績があり，産前産後の特別休暇中ではない者，休職中または勤務措置の適用中ではないことが条件となっている．

制度の適用期間については，毎年末まで（年初に再申請）とし，適用の申

請・承認は，社員の申し出か所属長の承認と人事の同意による．処遇は，通常勤務の社員と同一である．使用機器などについては，原則社員負担とし，回線設置費の一部及び電話通話料は会社負担である．なお，安全・衛生・健康管理については自主管理としている．勤務時間は，所属する事業所の勤務時間と同じであり，残業は所属長の事前承認が必要となっている．

制度利用状況は，男性245名，女性203名，計448名（2002年5月）であり，取得理由別利用者内訳をみると，以下の通りである．

育　児：　　男性　23名　　　女性　113名（計136名）
介　護：　　男性　10名　　　女性　12名（計 22名）
その他：　　男性 238名　　　女性　77名（計315名）

在宅業務内容は，①書類（企画書・資料・仕様書・説明書・ガイドなど）の作成，②ソフトウエア設計・プログラミング・デバッグ，③お客様とのe-mailでの質疑応答，④各種データの調査・集計・レポート作成，配布，⑤国内外の社員とのチームワーク作業，⑥翻訳作業，⑦プロジェクト・チーム・リーダーの管理業務（予算，書類作成など）である．

この制度の利用者の職種をみてみると，研究員32％，開発15％，SE14％，企画スタッフ10％，営業スタッフ8％，管理6％，人事スタッフ6％，不動産スタッフ2％，製造スタッフ2％，広報スタッフ1％と，ほぼ全職種に及んでいる．

日本IBM㈱の在宅勤務制度は，育児と仕事の両立を目指した1987年（昭和62年）のホーム・ターミナル制度を始点とし，1997年（平成9年）にモバイル・オフィス制度を発足させ，それを契機に営業を中心にワークプレイスの柔軟性を高めていった．1999年（平成11年）には，女性社員の能力を活用するために設置された，社長の諮問機関「ジャパン・ウィメンズ・カウンシル」の提言により，育児・介護制度を設け，2000年（平成12年）のe-ワーク制度に拡大発展していく．当初は，育児・介護と仕事の両立が目的であったが，育児・介護理由以外で他社員からも在宅勤務を希望する要望が寄せられ，育児・介護の

理由を問わずe-ワーク制度試行を開始した．1年以上の試行期間を経て，全社的にe-ワーク制度として導入した経緯をもつ．

なお，本制度をサポートする環境整備として，社外からセキュリティを保持し社内システムにアクセス可能な在宅支援システムの確立を始めとし，最近ではADSLなどの高速ネットワーク・インフラストラクチャーの整備，e-ミーティング（遠隔会議システム），e-ラーニング[6]の仕組みの整備など，オフィス在勤者と変わらないサービスをe-ワーカー（在宅勤務者）に提供している．

成果主義や徹底した目標管理による評価制度などの人事制度が，この制度の利用者に安心感を与えることは，社内調査でも裏付けられている．この制度の導入により，通勤の無駄を省き時間・場所にとらわれない，ワーク・ライフ・バランスのとれた効率的な働き方を目指し，優秀な人材を獲得・確保にも貢献している．また，前述したe-ワーク，e-ミーティング，e-ラーニングなどディジタル環境整備の促進によって，オフィス・スペース，コストなどの削減，ペーパーレス，交通機関のCO_2削減，省エネ，省資源など環境面でのプラス影響も評価されている[7]．

㈱東芝は，1999年（平成11年）2月にテレワークにより業務変革を実施する方針が出され，3月にプロジェクトが発足した．対象は，ソリューション第一事業部，メディアソリューション事業部（約550名）である．テレワーク実施の目的は，情報を駆使して顧客対応能力や企業活動の生産性を高めるための環境を作り，必要な時に，必要な場所で，必要な仕事ができること，顧客との時空間距離の短縮を図り，顧客満足度重視の活動を強化していくためである．すでに東京支店ではテレワークを実施しているが，新たに他社のテレワーク実施状況の調査と社内の着席率の調査を実施した．この結果，社内では，部門毎にばらつきはあるが，組み合わせを考慮すればテレワークは実施できると確信し本格的な推進活動を始めた．

実施にあたっては，①上司と部下の意思統一，②フリーアドレス化実施（ゾーン内のフロアのレイアウト変更と備品入れ替え），③IT化（モバイルパソコン，PHSカード・携帯電話などの配布，サーバーの高速化，構内PHS化推進など），④

共通システム（スケジューラシステムの統一化，営業支援システムの推進，情報の共有化），⑤都内のスポットオフィスと契約（外出先の作業を可能，移動時間のロスをなくす），などを実施した．

その結果，①上司と部下とのコミュニケーションの円滑化とフラット化の推進，②外勤率アップ，③部門間を越えたコミュニケーションが従来以上の可能性の発見，④組織移動，転勤者の受け入れが容易，移動費用軽減，⑤スペースの削減（9ゾーンから7ゾーン）などの効果が得られた．なお，今後とも検討する点としては，トップダウンで事業部長も率先して推進し，情報を共有するという意識改革，eメールによる報告・連絡・相談の徹底，システム構築は，step by step の計画のもとで進める，などがあげられている．テレワーク実施により，上司は部下の動向を以前より把握しやすくなったこと，コミュニケーションが密になり，他部門，スタッフ部門からのコメントが可能となったこと，情報共有とオープン化を推進することができたことなどの成果の実現がもたらされた．当初約300人だったテレワーク人員も現在では550名に達している．今後，社内規定，業務管理，インフラ環境，処遇制度などの見直しが必要とされる[8]．

その他，NECソフト㈱，沖電気工業㈱などでも，育児・介護，障害者向け在宅勤務などを実施している．また一般社員を対象にモバイルPCを利用して，アップルコンピューター㈱，武田薬品工業㈱，エーザイ㈱なども，テレワークの実施普及に力を入れている．企業も生産性向上，個人自律性をもった社員育成と活用，社会的貢献などの視点から本格的にテレワーク・在宅ワークへの取り組みを始めた[9]といえよう．

（2）在宅ワークの形態と期待

テレワークの類型分類については，定義の多義性と同様に雇用関係，働く場所・頻度によってさまざまな視点からなされることが多い．働く場所を基準として分類するならば，①自宅を仕事場とするホームオフィス型，②共同オフィス型のサテライトオフィス，またはテレワークセンター型，③端末情報機器を

装備して移動しながら仕事をするモバイルワーク型,の3類型[10]がある.

また,雇用関係では,仕事をする主体が雇用されているか否かで「雇用」タイプ「非雇用」タイプの2つに分類[11]される.「雇用」タイプには就業形態としてサテライトオフィス・テレワークセンター勤務,モバイルワーク,在宅ワークがあり,「非雇用」タイプは,自営業型 (Small Office Home Office：SOHO),在宅ワークがある.本節では在宅ワークの観点から女性就業機会の可能性を考察する.

在宅ワークの形態については,日本労働研究機構の調査では,①独立型(請負自営),②副業型,③社員(雇用)型,の3つの形態に分類している.本書もこの形態分類に従う.①の独立型就業形態としては,さらに専業(フリー,請負,自営)とアルバイト(内職,フリー,請負),②の副業型は,会社員をしながらの副業と他の自営を行いながらの副業,③の社員(雇用)型は,正社員と非正社員(パート,契約社員など)に細分化される[12].

「在宅ワーク」の概念については,「自宅などをオフィスとして働く」[13]と定義されているように「場所」が注目されるが,情報技術の進歩と普及を基盤とした考え方に基づいて概念規定がなされるのが適切であろう.日本労働研究機構では,「パソコン,ワープロあるいはファックス等の情報通信機器を使って自宅で請負・フリーの労働者」[14]と定義している.あくまでも情報通信機器の使用が条件といえる.

テレワークに対する期待については,Chapter 3 の 2 の(2)で述べているように,国土庁の「東京近郊の女性の就業意向に関する調査」(1998年)では,テレワークに意欲を示す女性は9割近くいる[15].特に,在宅型の短期非通勤型を希望する女性が多い.自宅・貸オフィス・旅行先などで自分の都合にあった場所や時間で働くことを希望する非通勤型では,「是非してみたい」が22.9％,「してみたい」が40.9％,合計で6割強の女性が志向している[16].

また,日本労働研究機構の『パソコンネットワークに集う在宅ワーカーの実態と調査 №106』(1998年3月)では,在宅ワークを希望している者は(在宅ワークの未経験者385名,経験者119名)調査回答者合計504名のうち,501名が「在

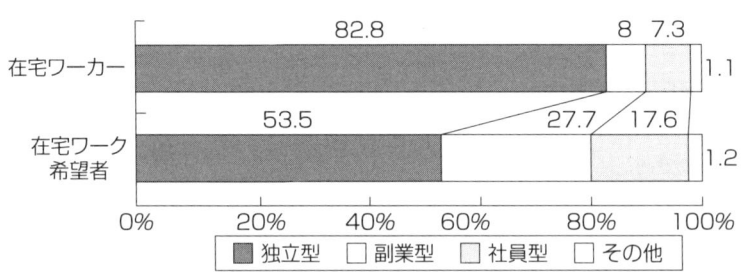

4●テレワークとしての在宅ワークの進展と女性の就業機会

図4－2　在宅ワーカーと在宅ワーク希望者の形態別構成

	独立型	副業型	社員型	その他
在宅ワーカー	82.8	8	7.3	1.1
在宅ワーク希望者	53.5	27.7	17.6	1.2

資料）日本労働研究機構『パソコンネットワークに集う在宅ワーカーの実態と調査№106』1998年3月，9頁．

宅ワークをやってみたい」という希望者である．本調査によると，在宅ワーカーの形態別には，独立請負型が82.8％と最も多く，副業型，社員として雇用される形態は少ない．反面，在宅ワーカー希望者は，独立型以外に，副業型，社員型など多様な形態を志向する傾向がみられる．在宅ワーク形態多様性の余地が大きいといえよう（図4－2）．

専業主婦や非正規社員（女性比率88.5％）など，女性の在宅ワーク希望者が多い独立型の在宅ワークを選択する理由をみると，女性子供有りでは約8割以上が「家族の世話や家事をしながらできる」をあげている．ついで「柔軟的・弾力的に働ける」が約6割弱である．本実態調査の解説でも指摘しているが，育児，家事の責任，負担が在宅ワークのメリットを印象づけているものと思われる．なお「柔軟的・弾力的に働ける」の理由については，子供無しの女性は約7割ほどの高比率でトップにあげている．さらに「仕事を選べる，自分の専門の仕事ができる」は，子供の有無に関わらず約4割近くある．「パソコンの仕事が好き」も男性に比較すると子供有る無しの女性に共通して3割前後みられ，情報機器の普及，特に，自宅で仕事が可能なパソコンの普及が，テレワーキングの促進に影響を与えていることが推測される（表4－2）．

在宅ワークやサテライトオフィスあるいはテレワークセンターなどで働く利点は，次のとおりである．①女性就業者にとって（特に，在宅ワークは）育児や介護，さらに家族との団欒など家庭と仕事の両立が図れる，②通勤に消費す

表4－2　属性類型別にみた在宅ワークの選択理由（複数回答）

人(%)

	独身男性	男性有配偶	女性子供有	女性子供無	合　計
家族の世話や家事	1 (3.3)	4 (9.8)	121 (81.2)	21 (28.8)	147 (50.2)
障害や病気のため	3 (10.0)	5 (12.2)	9 (6.0)	5 (6.8)	22 (7.5)
柔軟・弾力的	22 (73.3)	27 (65.9)	86 (57.7)	51 (69.9)	186 (63.5)
通勤が無駄，嫌い	17 (56.7)	20 (48.8)	32 (21.5)	38 (52.1)	107 (36.5)
会社勤め不向き・嫌い	12 (40.0)	15 (36.6)	23 (15.4)	20 (27.4)	70 (23.9)
勤めは能へ発揮できず	8 (26.7)	6 (14.6)	9 (6.0)	11 (15.1)	34 (11.6)
仕事選べる，専門分野	15 (50.0)	19 (46.3)	57 (38.3)	27 (37.0)	118 (40.3)
やっただけ報われる	18 (60.0)	26 (63.4)	45 (30.2)	39 (53.4)	128 (43.7)
多くの収入のため	8 (26.7)	5 (12.2)	18 (12.1)	7 (9.6)	38 (13.0)
将来の事業，コスト節約	5 (16.7)	8 (19.5)	11 (7.4)	7 (9.6)	31 (10.6)
仕事依頼，職場の勧め	1 (3.3)	3 (7.3)	10 (6.7)	8 (11.0)	22 (7.5)
パソコン買った，好き	4 (13.3)	5 (12.2)	43 (28.9)	26 (35.6)	78 (26.6)
転居，地方暮らし	1 (3.3)	0 (.0)	10 (6.7)	4 (5.5)	15 (5.1)
よい勤め口ない	5 (16.7)	4 (9.8)	16 (10.7)	10 (13.7)	35 (11.9)
その他	4 (13.3)	7 (17.1)	11 (7.4)	10 (13.7)	32 (10.9)
合計	30 (100.0)	41 (100.0)	149 (100.0)	73 (100.0)	293 (100.0)

資料）図4－2と同じ．50頁．

るエネルギーが軽減されるなど，体力消耗の防止と時間の有効活用が図れる，③自己管理を主体的に行うことができること．特に，高学歴化に伴う主体的な勤労姿勢・意欲を持つ女性にとって魅力がある，④煩わしい人間関係に巻き込まれることなく仕事に専念できる，⑤専門能力，技術を活かすことにより高い仕事への満足度が得られる，などがあげられよう．

また，同調査研究報告書の性別でみると，女性8.6％，男性91.4％と男性テレワーカーが圧倒的な割合を占めている．なお，女性テレワーカーの特徴としては「在宅勤務（66.7％）」が２/３を占めていることである．しかし在宅ワーカーが今日抱える問題はなお多岐にわたっており，特に解決しなければならない問題は次のとおりである．

① 仕事の範囲や内容についての不明確さ：依頼企業と被依頼者（テレワーカー・在宅ワーカー）双方間の指示の曖昧さ，理解納得の不完全さ
② テレワーカー・在宅ワーカーなどをマネジメントするノウハウ不足：有能なマネジャー不足
③ 労務管理，福利厚生，健康・安全管理，教育管理などの制度不備
④ 仕事量（発注量，発注頻度）の不安定

2．在宅ワークの選択：仕事と家庭の両立

（１）テレワークへの関心と実態

　女性が，テレワークに高い関心を持つ理由としては，企業における情報化の進展，さらには個人ユースの情報機器保有の促進などが第一にあげられよう．そこには，積極的に女性労働を活用していこうとする企業自体の考え方や，女性の高学歴化などに伴う女性自身の仕事（高度で専門的な領域）に対する挑戦的意識の高まり，仕事に対する自律的精神の高揚が背景にあると思われる．

　反面，日本テレワーク協会の調査（平成12年度）によれば，前述したようにテレワーカーの９割強が男性であり，女性のテレワーカーは8.6％にすぎない（日本のテレワーク実態研究調査報告書，平成12年度版，35頁）．同調査の回答者の性別比率は男女それぞれ68対32であり，全国的に常用雇用者比率をみても，ほぼ同様の比率（64対36，前述調査研究報告書，89頁）という現状では，テレワー

クも男性主体の職場といえる[17]．テレワークのメリットとして，「家事や育児の時間が増える」（調査全体 n＝70：10.0%）があげられているが，それほど高く評価されていない．これはテレワークについて関心は強いが，現実には家事・育児にプラスの効果を認識させるほどの仕組みが未整備であることを示唆していると思われる．

（2）在宅ワーク選択理由

前節1の1でも述べたが，女性テレワーカーが多くを占める在宅ワーカーの二つの類型[18]，すなわち独立型と副業型について女性の在宅ワークの選択理由をみると，前者の場合，子供有りと子供無しでは選択理由がかなり異なる（表4－2）．

子供有りの在宅ワーカーの選択理由として，

① 「家族（子供や高齢者）の世話や家事などのため」8割強
② 「自分のペースで柔軟・弾力的に働けるため」6割弱
③ 「仕事を選べる，自分の専門分野の仕事ができる」4割弱

を指摘している．第一位，第二位とも仕事と家事・家族の世話・育児との関連性が高いと推察される理由である．

子供無しの女性の場合は，

① 「自分のペースで柔軟・弾力的に働ける」7割強
② 「自分がやっただけ報われ，働きがいがある」5割強
③ 「通勤が無駄，嫌い」5割強

在宅ワークの選択理由のなかで男女（ただし女性子供有りは除く）の差がなく，両者に共通の選択理由となっているのが，テレワークという就業形態の柔軟性，弾力性，仕事の報われ方，通勤の無駄や抵抗感などである．

副業型在宅ワーカーは，女性自営業の場合，前者の子供有りと共通して「家事の世話や育児」「仕事の柔軟・弾力的」の二つの項目がそれぞれ過半数を占めている．女性会社員の場合は，独立型の子供無しと同じように「仕事の柔軟・弾力的」8割強，「やっただけ報われる」6割強，「多くの収入のため」5

割,「仕事が選べる,専門分野の仕事ができる」3.5割強など,自律性と能力発揮の意欲と報酬への魅力を示唆している[19].

以上のテレワークを選択する理由から推察できることは,従来のような男性の副,あるいは補助要員としての役割ではなく,自己の能力を発揮しうる自律性ある労働を実現する場として,テレワークが女性から注目されていることが指摘できよう.

既述した㈱NTTデータの調査(「女性の就業と在宅ワークに関するアンケート」,2000年3月実施)では,在宅ワークを選んだ最も重要な理由として,以下が上位5項目としてあげられている.

①家族(子供,高齢者)の世話に時間がかけられる　28.1%
②学齢前の子供をどこ(誰)にも預けずに育てることができる　21.3%
③仕事の時間帯を日によって大きく変えることができる　11.3%
④仕事を選べる・自分の専門分野の仕事ができる　6.5%
⑤家に就学前の子供だけにしなくてすむ　5.7%

在宅ワークの就業時間は,10時から15時,22時以降に集中しており,週平均の就業時間は16.3時間,平均収入は年間62.5万円である.一方,家事,家族の世話にかける平均時間は週52.7時間(7.5時間／1日),家事や家族の世話全体のうち自分が平均8.4割程度を担っていると回答している.

在宅ワークを「やめた」「やめようと思ったことがある」と回答した者は48.1%,「ない」と回答した者は50.3%である.「やめた・やめようと思った」最大の理由は,「もともと一時的な仕事,勤務スタイルの予定」が18.8%,「仕事を続けられない事情(出産,介護・病気など)の発生」が14.5%,「仕事がこなくなった」が13.9%,「収入が少ない」が11.9%と,4項目が上位である.

「今後,在宅ワークをしたい(続けたい)と思うか」との質問に対しては,
　①今すぐに是非やりたい(続けたい)　45.1%
　②今すぐにでも条件が合えばやりたい(続けたい)　30.2%
　③今すぐではないが,いずれ再開したい　11.6%

続けたいと希望している者は，86.8％にものぼる．近い将来，在宅ワークは望まれる就業形態の一つとなるであろう．

以上在宅ワークの実態からその将来の推移をみると，情報技術の発展，特に家庭へのパソコンの普及[20]に伴い事業所以外の任意の場所，すなわち家庭やサテライトオフィスなどの通勤や勤務に好都合な場所での就業形態が増加するだろう．家庭での個人使用のためのパソコンなど情報通信機器の普及により，女性労働，特に，高学歴化を背景にした30歳代の家庭の主婦及び20歳代の女性の在宅ワーカーが増加する．企業における情報化の進展に伴うリエンジニアリング（業務革新）や情報システムの設定により，これまでの正社員の仕事（例えばデータ入力など）であった業務が，定型化・単純化が促進され，外部の非正社員に発注し，また情報システム設計など専門領域に関する高度な能力が求められる仕事は，外部委託されるなどの傾向が強まる[21]．

3．在宅ワークの課題

(1) 在宅ワーカー・企業の課題

在宅ワーク普及による女性の就業機会の可能性を増大させるためには，在宅ワーカー・企業における改善・改革課題と行政体・民間機関など第三者機関の設置による支援システム構築の課題を解決しなければならない．それらについて考察するならば，つぎの6点があげられよう．

1) 仕事確保のための組織化・共同化

在宅ワークの実態でも述べたように，在宅ワーカーにとっての重要な課題として「仕事の確保」[22]があげられる．特に，受注活動は独立型テレワーカーにとって最優先課題といえよう．受注活動は単独だけでは限界があり，組織化，共同化したかたちで受注活動を展開することが期待される．組織化，共同化は，特に高度な能力・技能を要する付加価値の高い仕事の受注には欠かせない条件

である．

2）経済的安定性とビジネス・ルールの確立

在宅ワーカーが感じている問題点では，前述の仕事の確保についで「単価が安い」，同様に在宅ワークを中止した理由の中で「収入が少なかった」などが上位に指摘されている．これは，発注者側と受注側（テレワーカー側）との契約意識の希薄と条件の不備や，在宅ワーカーの能力の問題が関連してくると思われる．したがって，契約当事者同士が信頼して安定的に仕事を遂行していくことができる労働条件の確立が必要である．

3）女性の能力開発・育成の環境・仕組みづくり

テレワークに従事する女性は高学歴，専門能力活用を志向する度合が高く，またテレワーキングでは，ITを駆使した企画業務的性質の仕事が多い．企画のような付加価値の高い仕事をこなしていくには要求される能力水準も高い．発注者が感じている在宅ワーカーの問題として「個人差が大きい」（44.9%）「人材確保が難しい」（31.5%）などが強く指摘されている．一方，在宅ワーカーの問題点として「能力，知識不足」が指摘されている．能力開発への取り組みについてみてみると，7割強のワーカーが能力開発の努力をしていることがうかがえる．しかし，個人的取り組みが主であり，セミナー，講習会などの制度的，組織的取り組みの実施，それによる相互啓発の機会の確保などによる情報技術，経営ノウハウなどの習得・確保のための学習環境や仕組みづくりが期待される．

4）家事・育児・介護支援システムの確立

女性テレワーカーにとって最大の課題は，仕事と育児・家事の両立である．テレワーキングは，突発的な仕事への対応や納期の管理も問題になってくる．在宅ワーカーの場合，子供の病気や学校関係あるいは家族に関しての事柄が突発的に発生する場合もあり，これら緊急事態に対して相互に支援し合う体制を整えておくことが急務である．

5）精神的安定・健康保持のための労働環境・制度の整備

テレワーク実施の上でコミュニケーション不足など人間関係の希薄性が問題

視されている．特に，独立型のテレワーカーが，主として自宅などでテレワーキングに従事する場合，独立感・孤立感，あるいは仲間などとの情報交流不足や，公私の区別の曖昧さから，精神的ストレスや脅迫観念に陥る可能性がある．また，労働時間との関連から健康管理についても不安要素が潜在している．自宅以外の職住接近した距離での仕事の設定，仲間とのコミュニケーションの機会を確保すること，健康管理のための支援体制などの整備，さらに万一の場合に生活を保障する仕組みの確立が求められる．

(2) 公的・第三者的民間機関の設置

これまで述べてきたように，バブル崩壊以後の長期的不況の中での日本的雇用慣行の見直し，情報技術環境の成長発展など外部環境の変革に伴う労働価値観の変化に関連してSOHOや在宅ワークなどのテレワークへの関心の高まり，テレワーク人口の増大など，将来的にみて，テレワーク就業形態は拡大することが予測される．しかし，雇用者（社員）あるいは非雇用者（独立自営，主婦やアルバイトとしての在宅ワーカー）の就業活動は，制度的，法的にも不安定な状況にある．テレワーカー（特に非雇用者）の受注活動は個別的に行うことに限界があり，これがテレワーカーの主要課題になっている．今後のテレワークの拡大に伴う課題として，テレワーカーの仕事を斡旋・紹介，さらにはテレワーカー育成のための教育機能を備えた公的あるいは民間による第三者的機関の設置による支援システム構築が早急に望まれる．すなわち，厚生労働省などを主体とした関係省庁・地域行政体・企業などの共同によるテレワーク就業機会の促進や公的あるいは民間的機関の設置による支援システムの構築が期待される．

4 ●テレワークとしての在宅ワークの進展と女性の就業機会

注

1 全国ベースのテレワーク人口の推計・予測計算式：テレワーク拡大推計人口＝｛(q)全国ベースのテレワーク拡大企業数｝×｛(r)全国ベースの企業当たり雇用者数｝×｛(e)テレワーク実施企業数｝，(t)＝全国ベースに拡大するためのウエイト値＝｛(u)全国の企業｝÷｛(v)7都道府県の企業数｝，(r)＝｛全国の雇用者数｝÷｛全国の企業数｝，(s)＝｛(X)テレワーク実施者数｝÷｛(y)全従業員数｝．予測は，(q)は「全国ベースのテレワーク予定・検討中拡大企業数」，(s)は「5年後のテレワーク実施予想比率」を求めて予想値を算出．(社)日本テレワーク協会「日本のテレワーク実態調査研究報告書」67頁．調査対象：札幌，仙台，東京都区内，名古屋市，大阪市，広島市，福岡市の7大都市に本社を置く5,000企業とその企業に勤務する12,352人の従業員を対象に調査．企業規模は，中小企業法の定義（改正前，2000年4月より改正）に基づく．

2 「情報通信機器の活用による在宅就業の実態と課題」1998年，№1，1998年，43頁．調査対象業種：印刷・出版・情報サービス（調査・報告など）設計デザイン，調査年月日：1997年10月．

3 首都圏30km圏内に居住し，1997年以降に在宅で仕事を行った25～45歳の女性1,465名についてサンプリング調査した（回答者1,295名で回収率88.4％）．

4 日本労働研究機構「パソコンネットワークに集う在宅ワーカーの実態と特性」№106，1998年3月，10頁．

5 『第3回テレワーク推進賞～IT時代の先進的・創造的な働き方を求めて～』9-15頁，26頁～29頁，2002年，(社)日本テレワーク協会，2002年．

6 インターネットを使用した研修システム．

7 「第3回テレワーク推進賞」会長賞受賞，(財)日本テレワーク協会主催，2002年7月，麹町会館．

8 東芝も「第3回テレワーク推進賞」優秀賞を受賞〔(財)日本テレワーク協会，2002年7月，麹町会館〕した．

9 (社)日本テレワーク協会『テレワーク実態調査報告―テレワーク実施企業の事例分析―』2001年3月，46-51頁．

10 小豆川裕子「テレワークと"労働者"概念の多様性：組織論，労働法の視点からの一考察」(第2回日本テレワーク学会研究発表大会論文集)』日本テレワーク学会，2000年6月，49-50頁）．

11 長坂俊成「情報化に伴うテレワーク・在宅勤務の現状と可能性」『日本労働研究機構雑誌№467』日本労働研究機構，1999年6月，57頁．雇用・就業形態から類型化しており，このなかで在宅ワークの可能性，特に在宅型には女性ワーカーが多数占めるところから，女性の期待は高いことが示唆されている．

12 日本労働研究機構，前掲調査報告書（1998年№106）では，①雇用型：非正社員5.7％，正社員1.7％，②独立型：専業39.8％，アルバイト44.4％，③副業型：会社員5.1％，他

13 同上調査研究報告書では,「在宅ワーク」の概念設定が,必ずしも明確化されているわけではないと断りつつも,FWORK(ニフティサーブ在宅ワーキングフォーラム,金子裕子代表)の設定主旨である在宅ワークをして「自宅などをオフィスとして働く」とし,概念設定には,雇用就業形態や自宅などでの労働時間,情報通信機器の使用状況を考慮する必要性を示唆している(35頁).

14 日本労働研究機構「情報通信機器の活用による在宅就業の実態と課題」1998年,№113,186-187頁.

15 国土庁『女性の就業に対するテレワークの可能性─東京近郊における女性の新たな就業形態に関する調査』平成10年12月,12頁.

16 同上調査,15頁.短期非通勤型とは,出産,育児,介護,夫の転勤時などに,自宅で勤務,短時間勤務などの形態をとりながら,同じ企業に長時間勤める.

17 日本テレワーク学会ニュースレター(Vol. 7,2000年8月発行)に寄稿されているWerner Korte(ドイツ)のドイツおよびヨーロッパのテレワーク状況の紹介によると,1999年のドイツのテレワーカーは約210万人であり,性別では男性75%,女性25%の比率である.ヨーロッパにおいてもテレワーキングは,仕事と家庭が両立できるということから女性の仕事領域という一般的見方があるが,実際は男性が多く占めている現状がわかる.

18 独立型とは,働き区分として「専業型,あるいは主婦,学生などのアルバイトとして,請負,フリー,自営の仕事を在宅でおこなう」を指す.副業型は「企業等の社員として働きつつ,あるいは自営業をおこないつつ,副業として請負,フリーの仕事を在宅でおこなう」を指す.日本労働研究機構『パソコンネットワークに集う在宅ワーカーの実態と特性』38頁.

19 同上書,1998年,104頁.

20 2000年8月2日付け読売新聞によると,家庭にパソコンを所有していると答えた主婦は,64.0%,自分の使えるパソコンがあると答えた主婦は,62.0%.大都市圏におけるパソコン普及率・利用率の高さをうかがわせる(調査対象:首都圏,近畿圏在住の主婦500人,回答数481人).

21 労働大臣官房政策調査部「企業の情報化と労働」大蔵省印刷局,1996年12月,39-40頁.情報システムやエンジニアリング(業務改革)に伴う非正社員のウエートの変化状況について,調査対象企業(全国3,485社,有効回答716社)のうち,全体で20.1%が変わったとしている.特に情報化の進んでいる企業のウエートの変化は,全体で28.0%,情報化の進んでいる企業では,45.1%の高変化率である.

22 日本労働研究機構「情報通信機器の活用における在宅就業の実態と課題」1998,№113,184頁,186頁.「パソコンネットワークに集う在宅ワーカーの実態と特性」1998,№106,128-129頁.

Chapter 5

仕事と家庭の両立支援と IT化の実態

ファミリー・フレンドリー企業の聴取調査と
栃木県内企業へのアンケート調査結果から

1．女性の働く環境の問題点

（1）育児・家事・介護の負担

　近年，女性の社会，職場への著しい進出は，女性の地位が向上し，能力評価が適正に行われてきていることの現れであろう．既述しているように日本における少子化，高齢化に伴う女性能力活用の必要性の高まりは，今後ますます強まるものと思われる．また，情報通信技術を基盤とする情報化時代を迎えて，その社会環境，企業環境の変化に対応するには，これまでにない革新性に富んだ考え方と知識・技能が要請され，それを担う人材としても女性労働は期待され，女性の就業機会がさらに増大する可能性も大きい．

　しかし，仕事を持つ，あるいは持とうとする女性の最大の悩みは「仕事と家庭の両立」である．女性にとって仕事と家庭を両立させながら，働き続ける環境が整備されているかという点から現実をみると，依然として家事，育児，介護などの家庭内の負担が女性の肩に担わされ，両立を困難にしているのが現状である．

　日本の女性労働の特質として，育児期における労働力率の低さが指摘される．労働省女性局編「働く女性の実情　平成9年版」（財団法人21世紀職業財団，1998年，43頁－46頁）によると，年齢別女性労働力率のM型曲線の底辺，すなわち育児期にあたる25～34歳台の労働力率[1]は，諸外国に比較して依然として低いことが指摘されている．このM型就業に無業者のうち就業希望者を加えると，いわゆる潜在的有業率を合わせてみると，M字型が台形型になる．すなわち，わが国には，働く意欲はあるものの就業を控えている女性が多いことがうかがえる．一方，男性の年齢階級別の有業率および潜在的有業率は，両者とも台形型を描き，かつ各々の曲線は25～29歳から55～59歳ではほぼ重なりあっていることから，就業意欲のある男性はほとんど就業していることがわかる．育児と仕事が両立できる労働環境の整備は，女性労働を活用する上で急がれる課題であり，諸外国においても出産・育児は働く女性の離職原因[2]となってい

ることから，この問題は世界各国の主要課題といえよう．

また，高齢化に伴い，介護の負荷増大も働く女性の障害になる問題である．高齢者や病人の看護や介護は，出産や育児に次いで女性が働き続けていく上での大きな障害となっている．特に，主な介護者として女性に担われていることが多く[3]，日本の男性中心社会の実態の一端を示すものである．

(2) 育児に関する実態調査（栃木県）

ここで，育児について働く女性はどのようなことを強く要望するのか，栃木県保健福祉部児童家庭課が調査（2000年）[4]したデータを分析することによって，女性が働く際に仕事と家庭の両立が重要な課題であることを考察してみよう．

栃木県保健福祉部児童家庭課で実施した「子育てに関する実態調査」の目的は，育児の実態とそれとの関連で行政，企業，地域に対するニーズを把握し，育児環境整備に役立てることにある．まず「子育てと仕事の両立のために企業に望むこと」は，「産前産後の休暇が十分に取得できること」が男女合わせて52.3％，女性の意見では55.4％と回答者の半数以上が強く要望している．また，子供の病気やけがの際の休暇取得（女性41.8％），子供が1歳になるまでの育児休暇（女性30.6％，男性31.6％）の要望も高い．男性の比率が若干高いのは，男性に育児負荷がかかる理由があるからと思われる．出産・育児のために退職した社員の再雇用（女性31.0％），育児のための就業時間の柔軟性など，出産・育児のための十分な休暇・時間を要望するニーズが高い（図5-1）．

なお，同じ栃木県商工観光部労政課が行った「栃木県女性が働きやすい環境づくりのための意識・実態調査結果」[5]では，「女性が働き続けていく上で障害になっていること」について，女性従業員の8割近く（79.1％）は，「出産・育児」を最上位にあげている．企業側も「出産・育児」が，企業規模の大小にかかわらず（むしろ300人以上の企業が高比率を示している）障害の最上位（86.6％）にあげている．このことは，企業自体も十分に認識していることの証といえよう．また年齢階級別にみるならば，特に，25歳未満も含めて25～34歳までに育児を抱えている年齢階級層の80％以上，特に30～34歳では87.9％と「出

産・育児」を第一順位に置いている．

以上は，栃木県といった一地域の働く女性の育児に関連した調査であるが，

図5-1　子育てと仕事の両立のために企業に望むこと

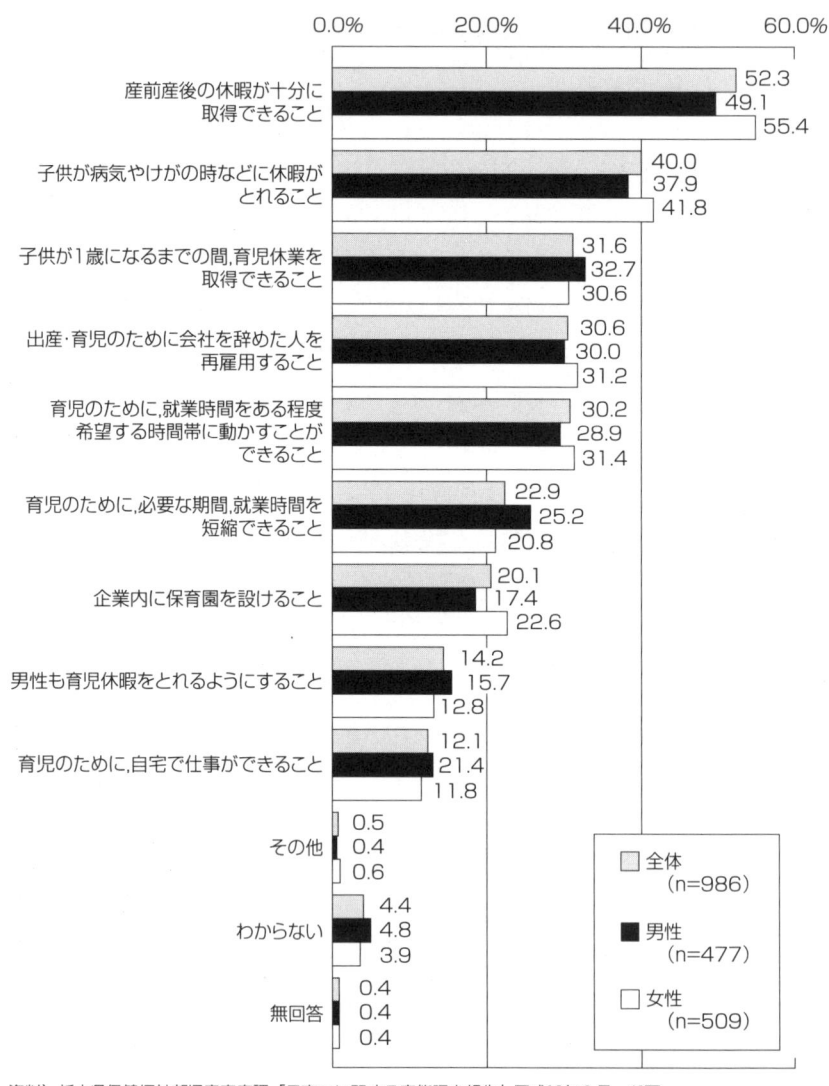

項目	全体	男性	女性
産前産後の休暇が十分に取得できること	52.3	49.1	55.4
子供が病気やけがの時などに休暇がとれること	40.0	37.9	41.8
子供が1歳になるまでの間,育児休業を取得できること	31.6	32.7	30.6
出産・育児のために会社を辞めた人を再雇用すること	30.6	30.0	31.2
育児のために,就業時間をある程度希望する時間帯に動かすことができること	30.2	28.9	31.4
育児のために,必要な期間,就業時間を短縮できること	22.9	25.2	20.8
企業内に保育園を設けること	20.1	17.4	22.6
男性も育児休暇をとれるようにすること	14.2	15.7	12.8
育児のために,自宅で仕事ができること	12.1	21.4	11.8
その他	0.5	0.4	0.6
わからない	4.4	4.8	3.9
無回答	0.4	0.4	0.4

全体 (n=986)
男性 (n=477)
女性 (n=509)

資料）栃木県保健福祉部児童家庭課「子育てに関する実態調査報告」平成12年3月，40頁．

全国的な視点からみても，育児・介護あるいは家事負担は女性中心に負わされ，このことがまた，就業している女性の少子化，晩婚化，非婚化を促す要因にもなっていることが推察されよう．女性を積極的に雇用して労働の場へ女性の進出を促し女性能力の活用を促進するには，女性の働きやすい環境整備がぜひとも必要である．

2．育児支援施策の充実

(1) ファミリー・フレンドリー企業への聴取調査

日本における少子化・高齢化社会の到来によって労働力不足が懸念されるが，その解決策としての女性労働力への期待は大きい．女性労働の活用に積極的に取り組み，厚生労働省の「ファミリー・フレンドリー」企業表彰[6]を受賞した県内外の企業4社を選び，各社で働く女性がどのような支援策のもとに仕事と家庭の両立に取り組んでいるのかヒアリング調査を実施した．以下，宇都宮東武百貨店，秋田精密電子工業（以上2社は，2000年調査）京都中央信用金庫，クロイ電機（以上2社は，2002年調査）の4社[7]の聴取調査結果である．なお，IT化やテレワークの導入・実施についての質問は，平成14年（2002年）度の調査対象企業について実施した．

宇都宮東武百貨店

宇都宮東武百貨店は，1959年（昭和34年）創立の北関東では最もスケールの大きい百貨店である．従業員は約850名（女性従業員約6割，パートタイマー約300人）で，大型小売業の職場特性として女性従業員が多い．今回のヒアリング（2000年11月実施）では事前に人事部長の講演[8]を踏まえて，本社で人事部能力開発課長（女性），宣伝課係長（女性）に行ったものである．育児問題を中心に主要な聴取調査（質問）項目および回答は以下のとおりである．

質問1　家庭と仕事の両立，女性従業員の出産育児制度の運営について

回答1　育児・介護休業，再雇用などの制度に関しては，1984年（昭和59年）および1986年（昭和61年）に間に整備，国に先んじて行っている〔国の育児休業法は1991年（平成3年）制定，1992年（平成4年）4月から施行．介護休業制度は1995年（平成7年）から1999年（平成11年）3月までは努力義務，4月から施行〕．国の育児休業制度の対象労働者は，法律で1歳に満たない子を養育する期間となっているが，宇都宮東武百貨店では生後3歳未満の子を養育する間の1年間と定めている．介護休業についても法律では原則3カ月間だが，宇都宮東武百貨店では1年間，さらに必要な場合1年以内の延長，最長2年間可能である．現在の3名を含めてこれまでの制度の利用者は28名である．

質問2　育児と勤務時間について

回答2　小学校入学前の子供をもつ社員は，勤務時間を短縮（実働4時間10分）し，始業・終業時間は社員個人が決めることができる．フレックス・タイムと異なり，コア・タイムはない．労働時間は八つのパターンから選択できる．残業や深夜勤務は禁止．時間短縮勤務利用者は延べ14名である．

質問3　育児・介護による退職者に対する再雇用制度について

回答3　法律では，企業の努力義務になっているが，宇都宮東武百貨店では，育児・介護による退職者の再雇用制度は有効に活用されている．均等法が施行されて以後，再雇用認定者は18名である．

質問4　休職中の経済的支援について

回答4　休職中賞与として特別休業扶助金として6万円支給している．在宅介護については，ホームヘルパー派遣時の費用の80％を負担，月2回まで入浴実費の30％支給などを行っている．

質問5　今後の課題

回答5　社員がより取得しやすい制度にしていきたい．また，人事制度との関連でバランスのとれたものにしたい．

　以上，育児・介護に焦点を合わせたヒアリングの結果であるが，宇都宮東武百貨店では，制度の有効活用化と浸透を図るために，労働組合のほか女性従業員のみで構成される女性委員会，経営協議会などで従業員へアンケート調査を実施し，改善検討会を活発に行っている．

秋田精密電子工業株式会社

　秋田精密電子工業㈱は，従業員170名（うち女性62名，1999年11月現在）の中堅企業[9]である．セイコーインスツルメント100％出資の子会社で，主に携帯電話の液晶ディスプレーを製造している．労働組合との間に，育児休職・育児のための短時間勤務に関する協定書（1994年，なお1996年と1997年に改正），妊婦通院制度の導入に関する協定書（1994年），介護休職・介護のための短時間勤務に関する協定書（1996年）を取り交わし，それらの制度の実施を図っている．秋田県大曲市の本社工場で，総務課長に女性就業の実態と能力活用ならびに育児・介護休業制度を中心にヒアリング調査を行った（調査：2000年9月）．以下主要な質問と回答である．

質問1　女性従業員の状況について

回答1　当社の女性就業者の7割は既婚者である．その8割は親と同居している．また地域性でもあるが共働きが多い．大体34～35歳ぐらいが育児で離職することが多い．学歴はほとんど高校卒である．当社は生産現場であり，10種類の工程を経験し多能工化した人材を養成している．また女性の専門職として検査（官能検査など）があるが，ベテランになるまで6カ月の養成期間が必要である．女性従業員の勤務時間は8：00～17：00で，男性従業員は20：00～5：00

までの夜勤もある．交代制で24時間稼動している．

質問2　女性従業員の管理職への登用や教育について

回答2　登用試験制度（一般職，係長，課長）があり，女性従業員も管理職への道は開かれているが，まだ例がない．女性従業員の場合，班長（チームリーダー）として活躍している例は多いが，自己啓発学習には家族の協力と理解が必要である．女性は職場でのリーダーシップの発揮がむずかしい．教育は入社後約1カ月のOff-JT，3カ月のOJTを行っている．

質問3　育児・介護政策や育児休職者への制度について

回答3　育児・介護制度があり，例えば，年次有休積み立て制度（育児100日間，介護5カ月など）や子供が満3歳になった後，3カ月末まで育児のために勤務時間を短縮する施策を実施している．休職者に対しては適宜情報提供や復帰のための面接・教育訓練などを行っている．

質問4　女性従業員に対する今後の課題

回答4　一つには育児・介護期間の収入面での保障をどうするか，二つにはベテラン養成である．検査工程などを含めて集中力を要する仕事が多い．このような職種は女性に向いている．ここでは女性雇用は簡単ではない（男性の雇用は容易）．したがって，できるだけベテランとして長期に勤めてもらうようにすることである．

京都中央信用金庫

　京都中央信用金庫は，京都市内周辺で125店舗を展開，社員（正規）数2,386名を擁する信用金庫である．全社員数のうち女性社員は742名で，約3割．その他，パートタイマーとして478名雇用している．女性正規社員の職種は，一般事務がほとんどであり，パートは，月曜～金曜9：00～17：00勤務の長期パートと週4日9：00～15：00間の希望時間勤務の短期パートに分かれる．職種

は，正規社員と同じ事務職に就いている者と12店舗の食堂などに勤務する庶務職に分かれる．

なお，2001年（平成13年）からは長期パートから選出され，上級パートに昇進する制度が設けられた．現在13名がこの地位についている（1年ごとの契約）．上級パート制度導入により，自発性やモチベーション効果が高まったと評価されている．女性社員の年齢構成比および学歴は，20歳台が54.3％，30歳台32.2％，40歳台8.9％である．学歴は大学卒39.7％，短大卒34.1％，高校卒25.6％が上位を占めている．既婚者比率は，正規社員が29.0％，パート86.2％である．女性の管理職としては，次長，課長それぞれ1名，役員に1名（いずれも大学卒）就いている．

質問1　女性が働きやすい制度・政策について

回答1　育児休職制度として産前産後1年休暇（法定通り）がある．ただし，無給．復職後は休職前の職位は保障される．介護休職制度は，法定どおり3月末の1回限りである[10]．

質問2　育児休職制度の実施について

回答2　少なくとも2カ月に1回，育児休職者と人事担当者と電話連絡をとるなどして求職者の近況報告を受け，コミュニケーションの機会をもって休職者の精神的な安定を図るようにしている．会報も月1回送付し，仕事に関する情報を提供している．また，社内での通知，通達，事務連絡などの情報や重要事項を適宜郵送で案内し，復職時に就業がスムーズに行えるよう配慮している．さらに復職時の研修（1日）を人事部で実施している．

質問3　既婚者が働く上での問題点について

回答3　育児復職後の子供を預かってくれるところを見つけるのが大変．職場に近いところに託児所，保育園などがない，ということが女性の就業を妨げる要因になっている．

質問4　正規女性社員・パート社員の活用上の問題点について

回答4　正規女性社員では，夫の転職などによる早期離職，パートなど非正規社員の場合は，就業時間が制約されること．

質問5　女性社員の能力活用のための施策・制度について

回答5　従来より，男女の性別区別関係なく，公平な人事制度を行っており，能力主義である．適正な評価制度（パーソナルレポート）や，自発的に仕事にチャレンジしていく仕組み（チャレンジシート）を充実させていきたい．

なお，当信用金庫でのIT活用については男女社員の区別なく，活用スキル向上を奨励している．

クロイ電機株式会社

　クロイ電機は，1952年（昭和27年）創業の，照明器具，電子応用製品の開発・製造を中心とした事業を展開している中堅企業である．2002年（平成14年）12月現在の正規従業員数309人，うち女性61人，パート156人（女性），嘱託男性3人，女性2人である．女性従業員の年齢構成・学歴は，50歳台45.4％，40歳台31.2％，30歳台15.1％，中・高校卒80.0％，短大卒9.0％，専門学校卒5.2％，大学卒3.8％が主構成となっている．既婚者は，正規従業員で48％，パート90％と正規で約半数，パートで9割を占めている．

質問1　女性が働きやすい制度・政策について

回答1　1991年（平成3年）4月から育児休業制度，1992年（平成4年）4月から介護休業制度を導入している．その他育児・介護短時間勤務制度や育児休業中は派遣社員を活用し，職場復帰しやすい雰囲気づくりに配慮している．小学校就学前の子供を養育する従業員の転勤配慮や育児休業を満1歳到達後の最初の3月末まで認めるなど法定を上回る期間を設定している．

質問2　制度・政策の実効性について

回答2　育児休業制度取得者の職場復帰率90％以上，就業継続率は高い．育児休業制度は，正規社員だけでなく，短時間勤務者にも公平に適用するようになっている．雇用契約が異なるだけで制度の恩恵を受けないというのは，経営の問題というより人間としての権利の問題とみなすからである．この制度の導入・実施により従業員のモチベーションや相互理解，チームワークの向上が図られたことは大きなメリットである．

質問3　育児休業中および復帰直後の支援について

回答3　社内報・通達・回覧物などによる情報提供，復帰後職務の軽減，研修を実施している．

質問4　女性従業員活用のための課題について

回答4　優秀な人材の確保である．また，出産・結婚による退職が生じても，能力やスキルの低下をきたさないようにしたい．また，IT化時代に適応するように正規，非正規いずれの従業員もPCが活用できる体制を整えている．

質問5　女性の能力活用のための主要な施策について

回答5　各種セミナーへの参画促進，資格取得支援体制づくりである．

（2）4社の聴取調査結果

4社とも「ファミリー・フレンドリー」企業として表彰されるだけあって，「仕事と家庭の両立」のための育児や介護休業制度の効果ある実施に努力していることがうかがえる．法整備が進むなかで，それを先取りするかたちで女性が働きやすい環境づくりや女性労働の戦力化に取り組む姿勢は高く評価される．4社の育児・介護休業制度の導入・実施によって，女性の就業継続の促進および動機づけ，組織における相互理解やチームワーク向上の効果があることが実

証されている．

　また，4社とも非正規社員（パート）の活用が一般化しているが，正規，非正規のともに働きやすい環境づくりを目標としており，育児休業制度などの適用を公平に行っていることについては高く評価したい．なお，クロイ電機では「テレワーク」は，未だ実施はしていないが，検討しているという点については注目したい．

　しかし，日本の雇用全体をみた場合，男女共同参画社会づくりをめざして法律・制度は整備され，女性の能力をより活用しようという傾向は高まっているものの，現実には，能力活用の場や就業機会が多いとはいえない．女性労働の活用は，単に人事や労務の問題として考慮するのではなく，経営全般から経営資源としてその活用を考える段階にきている．すなわち，女性の職域拡大，専門化，補助的仕事からの脱却のための教育訓練，管理者教育を長期的経営視点から考慮することが必要である．

3．地域（栃木県）における女性労働とIT化の実態—テレワークの可能性

（1）調査の背景と課題

　少子化，高齢化など社会的構造変化，国際競争の激化，あるいは国際協調などグローバル化の進展とともに，さらには急速な電子情報化社会（IT化社会）の形成は，当然に日本的雇用慣行の見直しと変革を迫ることになる．これらの社会・経済あるいは情報技術の変化・進展は，必然的に労働環境にもインパクトを与え，特に，これまで企業内で補助的・臨時的な労働の位置づけにあった女性労働の戦力化を促進せざるをえない状況を生起させている．

　近年，女性の高学歴に伴って，生涯働くという就業意志をもつ女性が増えつつあるが，前述したように，育児・介護・家事の負担は依然として女性の双肩にかかっていることが一般的である．しかし，「IT化」の急速な進展，すなわ

ちインターネットやモバイル通信の進歩普及によって，就業する上で場所と時間に制約されない就業形態であるテレワークは，仕事と家庭の両立や女性の能力活用の面で，女性労働者・企業両サイドから大きな期待が寄せられている．

以上のような背景を踏まえて，本書では筆者が2001年（平成13年）に行った栃木県における企業の情報化と，それに関連して企業で働く女性就業者の活用実態調査を分析し，テレワーク普及の可能性についてさぐる．

本調査で課題としてあげる点は，以下の4点である．

① ITの進展・普及に地方（栃木県）の特性が反映されているのか
② 栃木県内企業のITへの取り組み姿勢と女性労働への影響はどうか
③ 栃木県内企業のIT活用状況とテレワークの浸透はどの程度なのか
④ 栃木県内の企業のITおよびテレワークへの期待度は高いか

これら4点の課題解明を基盤に，栃木県内企業の情報化の進展状況と女性就業の関連性をアンケート調査することによって，前述した課題との関連で，県内の女性労働の背景にある問題点の掘り下げと本県の女性労働進展をテレワークに焦点を当て，その可能性を考察した．

（2）調査対象・方法と調査概要

調査対象は栃木県内の建設業，製造業，電気・ガス・水道などの公共サービス業，運輸・通信業，卸・小売業，飲食サービス業，旅館・ホテル業，金融・保険・証券業，不動産業，情報サービス・コンサルタント，人材派遣などのサービス業のうち，従業員30人未満から1,000人以上の企業500社を無作為で抽出し，アンケート調査を実施した（郵送による回答方式）．調査実施期間は，2001年（平成13年）10月29日〜11月15日．回答があったのは119社（回収率23.8％）であった．

従業員規模

	30人未満	30〜99人	100〜299人	300〜999人	1000人以上	無回答	合計
実数	18	30	30	24	15	2	119
比率(%)	15.1	25.2	25.2	20.2	12.6	1.7	100

業　種

	建設業	製造組み立て業	公共サービス関連業	運輸・通信業	卸・小売業	飲食サービス業
実数	12	38	0	9	18	0
比率(%)	10.1	31.9	0.0	7.6	15.1	0.0

	旅館・ホテル業	金融・保険・証券業	不動産業	サービス業	その他	合計
実数	3	5	0	12	22	119
比率(%)	2.5	4.2	0.0	10.1	18.5	100.0

調査企業従業員の女性比率（N=119）

25%未満	39.5%
25〜49%	21.0%
50〜74%	21.0%
75%以上	11.8%
無回答	6.7%

　データ処理方法は単純集計ならびにクロス集計による．本稿ではクロス集計結果を主体に考察する．

　調査対象企業は企業のほぼ7割弱（65.5%）が300人以下の中小企業規模であり，100人未満は約4割を占めている．首都圏の工場立地圏としての特徴を示しているといえよう．また業種的にも製造現場機能を属性としていることからも，前述の工場立地圏の特性が裏付けられる．また，地方，特に北関東の特色ともいえる建設業（10.1%）も多い．その他，やはり規模は別として地方によくみられる産業としての卸・小売業（15.1%）の比率も高い．

　ITの進展を企業におけるIT活用業務領域（会計，事務，販売・仕入れ，人事

など)は定常的業務に集中しており,計画策定など上位の意思決定にまで及んでいないという後進性がやや感じとられる.

特に,本調査の焦点であるテレワーク,在宅ワークにおいては,未だ導入初期の段階にあるといっても過言ではない.しかし,IT化の雇用の変化に及ぼす影響に対する認識は高く,女性労働に対する意識(男性側,企業)についても,伝統的な意識の領域を離脱しつつあるものと評価できる.しかし,現状では従来の認識や仕組みのもとに仕事がなされており,認識と実際の乖離,あるいは女性労働に対して性差的役割を解消する上で本格的に取り組む過渡期にあるといってもよいであろう.

(3) 栃木県内企業におけるITの活用実態

1) 企業規模と情報技術適用業務

従業員30人以上の中堅および大規模企業は,事務・会計財務・人事業務・仕入れ・購買・資材管理などスタッフ的支援業務を中心に広範囲に適用.30人未満の小規模企業は事務・会計財務のスタッフ的業務に加えて販売・営業管理のライン業務にウエートをおいてITを活用している(表5−1).

表5−1 企業規模とITの適用業務(実数値)

表2(問7):貴社における情報技術の適用業務は何ですか.(多重)	30人未満	30〜99人	100〜299人	300〜999人	1000人以上
1.事務計算	11	21	21	15	12
2.会計・財務管理	10	24	25	20	13
3.人事・労務管理	5	14	19	16	14
4.経営計画	7	7	9	2	7
5.仕入れ・購買・資材管理	9	15	16	17	11
6.販売・営業管理	15	16	17	12	12
7.在庫管理	9	11	15	12	8
8.生産管理	4	6	13	12	9
9.その他	0	0	4	2	1

なお，全業種を通じてITの適用業務をみると，二桁以上の比率を示しているものをあげれば，「会計・財務管理」17.7%，「事務計算」15.5%，「販売・営業管理」14.0%，「人事・労務管理」13.2%，「仕入れ・購買・資材管理」13.0%，「在庫管理」10.6%以上で8割弱を占めている．突出した業務はないが，主要業務全般についてITの導入が図られているといえよう．ただし，「経営計画策定」などトップに近い意思決定・戦略策定への活用は低い．

2）IT活用の目的と今後の重点

「事務処理の迅速化」については，旅館・ホテル業で21.43%とトップにあげられている．次に運輸・通信業18.60%など，ほぼ全業種にわたって主要な目的といえよう．また，「情報の共有化」も現場作業や下請け形態をとることが多い建設業を除いて，比較的IT化の目的として高率を示している．「時間の節約」は，運輸・通信業13.95%，サービス業（情報サービス，コンサルタント，人材派遣など）12.50%，金融・保険・証券業11.11%と，時間が経営のカギを握る業種でIT化の優先度は高い．「顧客サービスの向上」は，建設業，旅館・ホテル業ともに14.29%，運輸・通信業13.95%，金融・保険・証券業11.11%など，顧客サービスが経営のコアであり，競争優位性を確保する重要な要件の業種にあっては主要なIT化の目的となっていると考察される（表5－2）．

全業種の視点からみるならば，情報技術活用の目的は，「事務処理の迅速化」16.7%，「情報の共有化」10.8%，「時間の節約」9.1%，「人件費の節約」7.9%，「顧客サービスの向上」7.2%，「人件費以外の費用の節約」「社内コミュニケーション」ともに5.7%が上位を占めている．

一方，今後の情報技術活用の重点をどこに置くべきか，という問に対しては，「顧客サービスの向上」12.4%，「事務処理の迅速化」10.6%，「情報の共有化」8.3%，「人件費の削減」7.8%，「経営情報の改善」「収益の向上」ともに7.0%，「マーケティング力の強化」6.5%，「時間の節約」6.0%，「人件費以外の費用の節約」5.7%である．情報技術の活用目的と今後重要視すべき点について比較すると，いずれも「事務処理の迅速化」についての活用ニーズは高いが，今

5 ●仕事と家庭の両立支援とIT化の実態

後重視すべき点として,「顧客サービスの向上」,「情報の共有化」,「経営情報の改善」,「収益の向上」,「マーケティング力の強化」といった管理的側面より,戦略的側面への活用にウエートを置いていることに注目したい(図5－2)。

表5－2　業種とIT化目的(複数回答)　　(単位:％)

問8:貴社における情報技術の活用の目的は何ですか。(多重)	1建設業	2製造組み立て業	4運輸・通信業	5卸・小売業	6飲食・サービス業	7旅館・ホテル業	8金融・保険・証券業	10不動産業	11サービス業	12その他
1.人件費に削減	7.14	8.29	11.63	8.26	0.00	14.29	5.56	0.00	1.56	8.33
2.費用(人件費以外)の削減	7.14	5.53	2.33	8.26	0.00	0.00	2.78	0.00	3.13	6.48
3.事務処理の迅速化	16.07	17.51	18.60	14.68	0.00	21.43	13.89	0.00	17.19	16.67
4.時間の節約	3.57	9.68	13.95	6.42	0.00	7.14	11.11	0.00	12.50	12.04
5.経営情報の改善	1.79	5.07	2.33	8.26	0.00	0.00	2.78	0.00	4.69	2.78
6.社内のコミュニケーション	7.14	5.99	4.65	6.42	0.00	0.00	2.78	0.00	6.25	6.48
7.意志決定の改善	3.57	3.69	0.00	2.75	0.00	0.00	2.78	0.00	1.56	1.85
8.マーケティング力の強化	3.57	3.69	2.33	3.67	0.00	7.14	5.56	0.00	4.69	3.70
9.販売・経営力の強化	5.36	3.23	6.98	5.50	0.00	7.14	2.78	0.00	4.69	4.63
10.事業の拡大	1.79	1.38	0.00	2.75	0.00	0.00	5.56	0.00	1.56	0.93
11.収益の向上	1.79	5.07	4.65	4.59	0.00	7.14	5.56	0.00	7.81	6.48
12.外部とのコミュニケーションの強化	8.93	4.15	0.00	4.59	0.00	0.00	5.56	0.00	4.69	4.63
13.情報の共有化	5.36	11.06	9.30	10.09	0.00	14.29	11.11	0.00	12.50	12.04
14.利害関係者のニーズへの迅速対応	1.79	3.69	2.33	1.83	0.00	0.00	2.78	0.00	4.69	0.93
15.顧客サービスの向上	14.29	3.69	13.95	8.26	0.00	14.29	11.11	0.00	9.38	2.78
16.品質向上	3.57	4.15	4.65	0.92	0.00	0.00	2.78	0.00	3.13	5.56
17.取引先企業の拡大	7.14	1.84	2.33	1.83	0.00	7.14	2.78	0.00	0.00	0.93
18.新製品開発	0.00	1.84	0.00	0.92	0.00	0.00	2.78	0.00	0.00	2.78
19.その他	0.00	0.46	0.00	0.00	0.00	0.00	0.00	0.00	0.00	0.00
合計	100.00	100.00	100.00	100.00	0.00	100.00	100.00	0.00	100.00	100.00

図5－2　情報技術活用の重点（%）

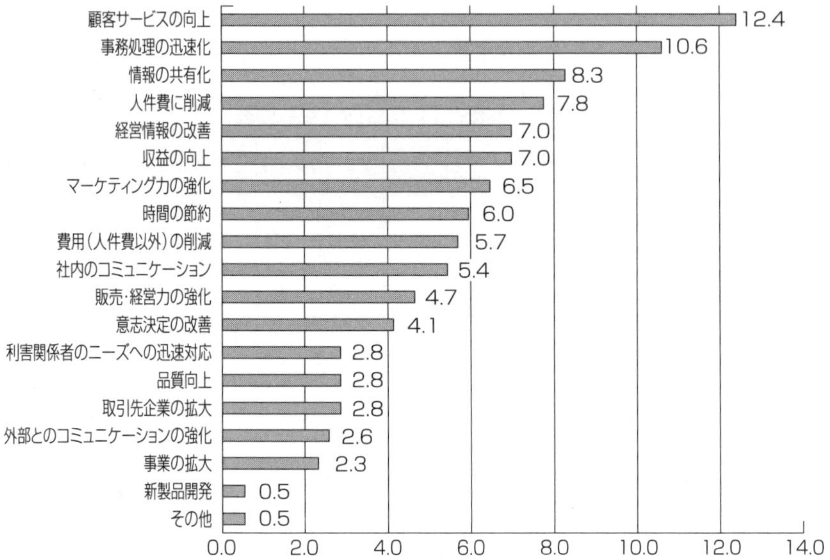
顧客サービスの向上 12.4
事務処理の迅速化 10.6
情報の共有化 8.3
人件費に削減 7.8
経営情報の改善 7.0
収益の向上 7.0
マーケティング力の強化 6.5
時間の節約 6.0
費用（人件費以外）の削減 5.7
社内のコミュニケーション 5.4
販売・経営力の強化 4.7
意志決定の改善 4.1
利害関係者のニーズへの迅速対応 2.8
品質向上 2.8
取引先企業の拡大 2.8
外部とのコミュニケーションの強化 2.6
事業の拡大 2.3
新製品開発 0.5
その他 0.5
0.0
2.0
4.0
6.0
8.0
10.0
12.0
14.0

（4）栃木県内企業のインターネット活用状況

1）インターネット活用状況（全調査企業・従業員規模別・業種別）

全調査企業インターネットの活用状況

インターネット活用については，単純集計では，「かなり活用」21.4%，「やや活用」47.9%と合わせれば，調査対象企業中，活用している企業は約69%と，7割近い企業がインターネットを活用している（図5－3）．また，活用目的は「情報収集」35.3%，「自社の宣伝」（ホームページが主体と推定される）23.2%，広い意味では情報収集の範疇にはいると思われるが，「外部組織との交流」11.0%で，ほぼ情報収集活動目的が約7割と主流をなしている．

従業員規模別インターネット活用状況

従業員規模100人以上の中堅企業以上では約7割から8割近く活用している．しかし，「かなり活用」水準の企業は約2割程度で，従業員1,000人以上の企業

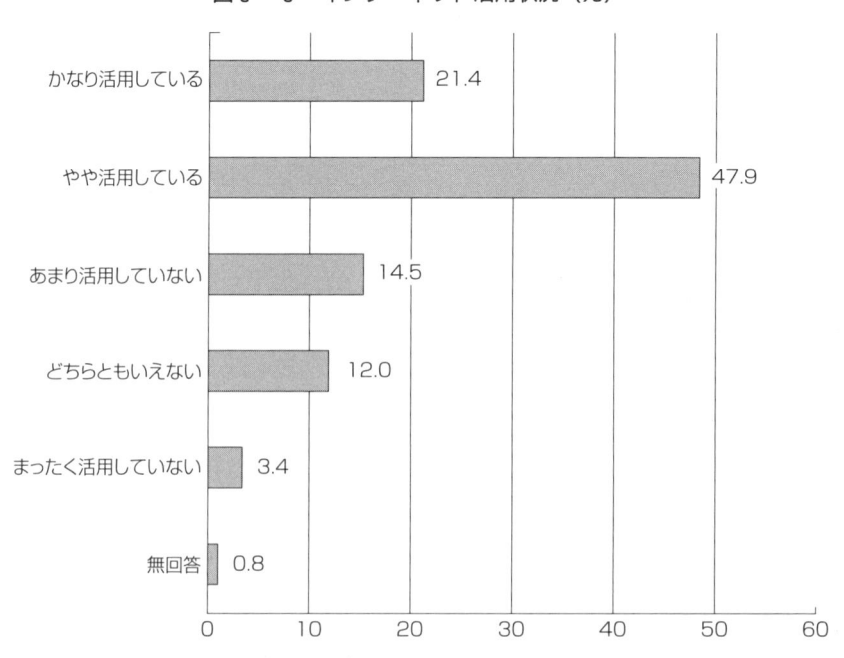

5 ●仕事と家庭の両立支援とIT化の実態

図5－3　インターネット活用状況（％）

かなり活用している	21.4
やや活用している	47.9
あまり活用していない	14.5
どちらともいえない	12.0
まったく活用していない	3.4
無回答	0.8

ではそれほど高い比率を示していない点は興味を引かれる．また，30人未満，および30～99人規模の企業においては約5～6割程度活用しているが，「どちらともいえない」を含めて活用不活発な企業が約4割程度みられる．インターネットの活用は，規模が大きくなるほどその度合が高くなっている（表5－3）．

業種別インターネット活用状況

「かなり活用」33.3％「やや活用」66.7％と，旅館・ホテル業でのインターネットの活用度合は高い．一般家庭への普及の高まり（1999年度末PC所有世帯割合38.9％，経済企画庁），インターネットによる予約サービスの充実や顧客サイドの利用度などを反映して，旅館・ホテル業にとっては重要な戦略ツールといえる．

その他，「かなり活用」では，情報サービス，コンサルタント，人材派遣な

表5-3　従業員規模とインターネットの活用（数字は企業数）

問10：現在、社内でインターネットの活用をどの程度行っていますか.	30人未満	30～99人	100～299人	300～999人	1000人以上
1．かなり活用している	2	6	8	6	3
2．やや活用している	9	11	15	13	8
3．どちらともいえない	2	6	2	1	3
4．あまり活用していない	2	6	4	4	1
5．まったく活用していない	3	1	0	0	0
無回答	0	0	1	0	0
合計	18	30	30	24	15

表5-4　業種とインターネット活用　　　（単位：％）

	1建設業	2製造組み立て業	4運輸・通信業	5卸・小売業	6飲食・サービス業	7旅館・ホテル業	8金融・保険・証券業	10不動産業	11サービス業	12その他
1．かなり活用している	0.0	26.3	22.2	11.1	0.0	33.3	20.0	0.0	41.7	18.2
2．やや活用している	75.0	44.7	44.4	50.0	0.0	66.7	40.0	0.0	33.3	45.5
3．どちらともいえない	8.3	13.2	11.1	16.7	0.0	0.0	0.0	0.0	0.0	18.2
4．あまり活用していない	8.3	13.2	11.1	22.2	0.0	0.0	40.0	0.0	8.3	18.2
5．まったく活用していない	8.3	2.6	11.1	0.0	0.0	0.0	0.0	0.0	8.3	0.0
無回答	0.0	0.0	0.0	0.0	0.0	0.0	0.0	0.0	8.3	0.0
合計	100.0	100.0	100.0	100.0	0.0	100.0	100.0	0.0	100.0	100.0

どのサービス業では約4割の高率を示している．また，製造組み立て業，運輸・通信業，金融・保険・証券業なども2割の活用状況である．建設業（「やや活用」75%）は今後の活用の潜在可能性を示すものかもしれない（表5-4）．

2）インターネットの進展と就業形態（働き方）の変化（企業規模・業態との関連）

　まず，企業規模との関連では「大いに期待できる」および「やや期待できる」は1,000人以上（20.0％，46.7％）の大企業と30人未満（16.7％，38.9％）の小企業に2極分化している．1,000人以上規模の企業の期待度は約7割と，

表5−5　企業規模とインターネットの進展および就業形態変化への期待度(%)

問16：インターネットの進展と就業形態（働き方）の変化について	30人未満	30〜99人	100〜299人	300〜999人	1000人以上
1．大いに期待できる	16.7	6.5	10.0	4.2	20.0
2．やや期待できる	38.9	9.7	16.7	25.0	46.7
3．どちらともいえない	33.3	38.7	40.0	54.2	20.0
4．あまり期待できない	11.1	35.5	30.0	12.5	13.3
5．まったく期待できない	0.0	6.5	0.0	0.0	0.0
無回答	0.0	3.2	3.3	4.2	0.0
合計	100.0	100.0	100.0	100.0	100.0

　大企業ほどインターネット進展の影響についての認識度に緊迫感があると推察できる．他方，中堅企業，特に30〜999人規模の企業では，「どちらともいえない」，「あまり期待できない」という見方が約7割あり，現実感としてインターネットの進展にあまり接していないことがうかがえる（表5−5）．地方企業の特色といえよう．

4．栃木県におけるテレワークの可能性

（1）テレワークへの期待と実施状況

　就業形態としてのテレワークへの期待は，「大いに期待できる」10.1%，「やや期待できる」24.4%と，両者で約3割強の企業が期待している．しかし，4割弱は「どちらともいえない」（38.7%）とし，「あまり期待できない」とする企業は2割強（23.5%）ある（図5−4）．

　テレワークの実施状況は「全社的導入・実施」1.7%，「一部部門での導入・実施」10.9%と，1割程度（調査対象企業のうち全社・一部導入合わせて14社）である．7割は「導入・実施の予定はない」（70.6%）．しかし，「導入検討

図5-4　テレワークへの期待（％）

項目	％
どちらともいえない	38.7
やや期待できる	24.4
あまり期待できない	23.5
大いに期待できる	10.1
まったく期待できない	1.7
無回答	1.7

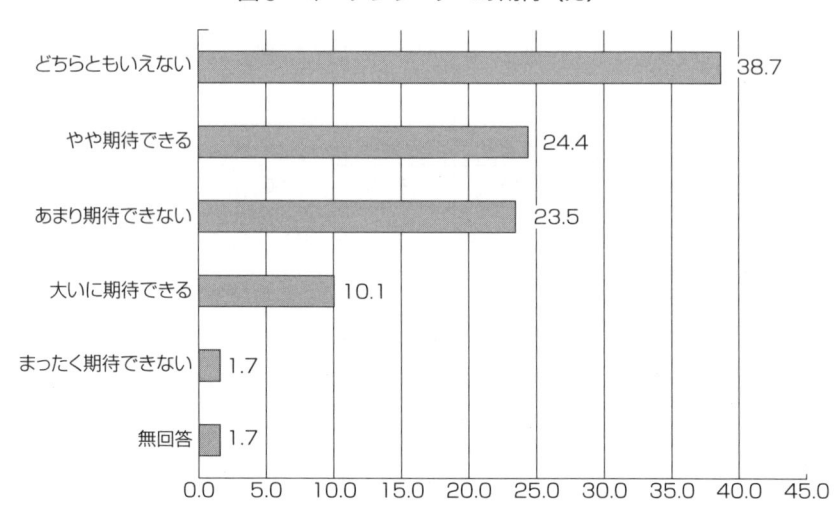

図5-5　テレワークの実施状況（％）

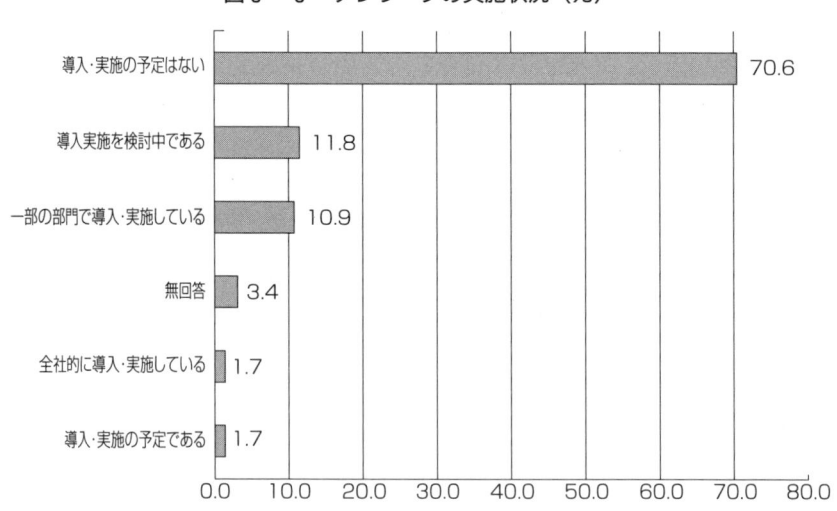

項目	％
導入・実施の予定はない	70.6
導入実施を検討中である	11.8
一部の部門で導入・実施している	10.9
無回答	3.4
全社的に導入・実施している	1.7
導入・実施の予定である	1.7

中・予定」はそれぞれ11.8％，1.7％で，これらを含めるとテレワークを経営上意識している企業は26.1％と，今回の調査では4社に1社はテレワークに期待・関心を示しているといえる．総体的に現在の実施状況をみると，期待度が

5 ●仕事と家庭の両立支援とIT化の実態

低いせいか,未だの感がする(図5-5).

参考に㈳日本テレワーク協会が会員企業に対して2000年(平成12年)に実施した調査結果[11]と比較すると,調査回答企業の属性(サービス業,従業員・資本規模,所在など)は異なるが,79.8%がテレワークを実施している状況と比較すると,本県はまさにテレワーク揺籃期に位置するといえよう.

(2) テレワーク導入のメリット

「生産性の向上」を40%とトップにあげている.続いて「事務コストの削減」20.0%「人件費コスト」16.0%である.日本労働研究機構の調査研究報告(No.113,1998年)[12]では,発注者(企業)のメリットとして,「人件費コストの削減」(38.9%),「オフィスコストの節減」(20.4%)と,コスト面でのメリットが上位2,3位にあげられている点は共通する.本調査研究報告書では「専

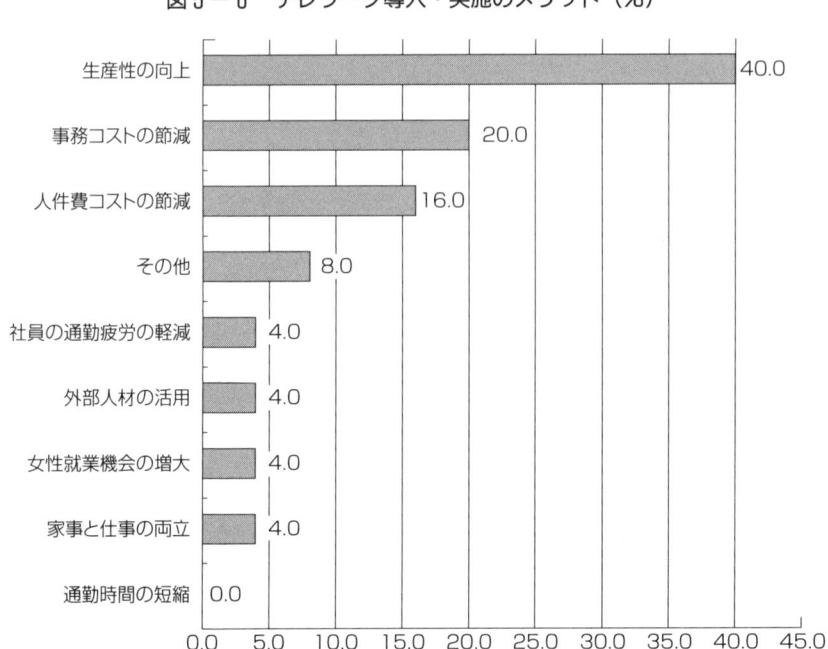

図5-6 テレワーク導入・実施のメリット(%)

項目	%
生産性の向上	40.0
事務コストの節減	20.0
人件費コストの節減	16.0
その他	8.0
社員の通勤疲労の軽減	4.0
外部人材の活用	4.0
女性就業機会の増大	4.0
家事と仕事の両立	4.0
通勤時間の短縮	0.0

門的人材活用」(65.3%),「主婦労働力の活用」(25.0%)と,人材活用が指摘されている.しかし今回の研究調査では,「人材活用」や「女性就業機会の増大」(4.0%),「家事と仕事の両立」(4.0%),「通勤時間の短縮」(0％)など,女性就業者側のメリットについては企業サイドとしてはメリットとして認識していないことがうかがえる.この点の認識不足も,本県企業においてテレワークの導入が不活発な要因であるといえよう(図5－6).

(3) テレワークと「仕事と家庭の両立」促進の可能性

　テレワークが「仕事と家庭の両立」を促進するかどうか,その可能性についてどのような意識を企業が抱いているのかをみると,「男女とも従来の就業形態に変化は起こらない」とする見方は皆無であった.女性だけではなく男性にとっても,家庭を大事にするという意識づけのきっかけになるという意味で「仕事と家庭を両立させる」とする企業は,従業員構成のなかで女性比率の多寡にかかわらず3割以上である.特に,比率が高くなるほどその傾向が強くなるのは,女性を戦力として認識する度合が高い理由であろう.本県においても,女性比率の多寡にかかわらず6～7割の企業で,仕事と家庭の両立の可能性を

表5－6　女性比率とテレワーク進展による「仕事と家庭の両立」促進の可能性意識

仕事と家庭の両立と就業形態	25%未満	25～49%	50～74%	75%以上
出産・育児・介護などにある女性だけでなく,男性にとっても家庭回帰という点から仕事と家庭を両立させるもの	30.2	34.8	38.5	40.0
女性にとっては,仕事と家庭の両立を可能／するが男性はそれほど就業形態に変化はない.	34.9	30.4	23.1	30.0
どちらともいえない	34.9	34.8	38.5	30.0
男女とも従来の就業形態に変化は起こらない	0.0	0.0	0.0	0.0
合計	100.0	100.0	100.0	100.0

肯定しているところから，女性にとってはテレワークの普及が，仕事と家庭の両立という労働環境の実現に大きなインパクトを与えるものといえる（表5－6）．

（4）在宅ワーカーの活用

1）女性従業員比率と在宅ワーカー活用予定

在宅ワーカーを「ぜひ活用したい」「活用を検討中」は皆無であった．ほぼ100％近く，在宅ワーカー活用の意識がないとみてもよいであろう（表5－7）．

この理由は次の「女性比率と労働環境条件の整備」に対する企業の要望や，テレワークについての県など行政体を主体とした啓発・推進活動不足や，企業における全社的取り組み意識と理解不足に主因がある．同時に，根底には地方特有の女性労働に対する従来の慣行という考え方が残存していることに起因すると考えられる．

2）在宅ワーカー（女性）の問題点（企業側の意見）

「有能な人材の確保」「仕事に必要なハードウエアの整備」ともに28.6％と上位である．次に「管理・指導上の困難」「報酬の設定」「コミュニケーション不足」と同比率（14.3％）である．前述日本労働研究機構の調査においても，「仕事成果に個人差が大きい」（44.9％），「必要なときに仕事をやってもらえな

表5－7　女性比率と在宅ワーカー活用予定

在宅ワーカー活用予定	女性比率			
	25％未満	25～49％	50～74％	75％以上
ぜひ活用したい	0.0	0.0	0.0	0.0
活用を検討中	0.0	0.0	0.0	0.0
わからない	14.6	16.7	17.4	33.3
活用は現在のところ未定	51.2	25.0	30.4	33.3
活用する予定はまったくない	34.1	58.3	52.2	33.3
合計	100.0	100.0	100.0	100.0

い」(32.4%)「人材確保が難しい」(31.5%)など,能力差や人材確保の問題が指摘されている.また,㈳日本テレワーク協会実施の調査[13]で,テレワークを実施していない理由を問題点という意味で捉えるならば,「管理・指導上の困難」(46.5%)「コミュニケーション不足」(23.6%)が,やはり共通してあげられている.その他,「会社の規模が小さいのでできない」(25.5%)や「勤務者の評価がしにくい」(26.7%)があげられているが,前者は本調査結果の「仕事に必要なハードウエアの整備」,後者は「報酬の設定」の問題を内在させているものと考えられる.

3)女性従業員比率と在宅ワーカーの労働環境条件

　女性比率が75%以上および50〜74%の企業では「継続的な仕事の確保」がともに23.8%,23.5%でトップである.また,女性比率75%以上の企業では「報酬基準の明確化と収入の確保」も23.8%と最上位にあげられている.一方,74〜25%未満では「契約の明確化」が20.6〜21.3%で上位にあげられている.また,このクラスの企業でも「報酬基準の明確化と収入の確保」が11.8〜18.9%で上位にある.「仕事場環境の整備」は,女性比率75%以上の企業においては,約2割がその必要性をあげている.また,25%未満の企業においても,16.4%と2番目にあげられている.「仕事場環境の整備」に関しては,概して比率に関係なく要望度は高い(11.8〜15.1%)といえよう.「教育研修制度の確立」は,女性比率が半分以上占めている企業においては制度化されているのであろうか,4.8%と低位にある.今回の調査回答の全企業では,在宅ワークの活用が十分に認識されていなく(活用の予定がない),そのことが,契約や報酬基準の明確化などの政策・制度や仕事場など物理的受け入れ環境の整備といった労働環境条件に結びついているものと推察される.

　なお,「依頼者と受注者の情報交換の確保」,「育児・介護制度の整備」について(ともに9.5%),女性比率75%以上の企業では,低い企業よりも認識度は高いといえる(表5-8).

　結論として,冒頭で提示した課題,すなわち,(1)ITの進展・普及に地方(栃木県)の特性が反映されているのか,(2)栃木県内企業のITへの取り組み姿

表5-8　女性比率と在宅ワーカーの労働環境条件

在宅ワーカー労働環境条件	女性比率			
	25%未満	25~49%	50~74%	75%以上
教育研修制度の確立	11.5	13.2	17.6	4.8
契約の明確化	21.3	20.8	20.6	4.8
仕事場環境の整備	16.4	15.1	11.8	19.0
行政上の支援・施策確立	4.9	1.9	2.9	0.0
身分や健康上の保障	1.6	5.7	0.0	4.8
報酬基準の明確化と収入の確保	8.2	11.3	23.5	23.8
継続的な仕事の確保	13.1	18.9	11.8	23.8
依頼者と受注者との情報交換の確保	9.8	5.7	2.9	9.5
育児・介護制度の整備	4.9	3.8	5.9	9.5
その他	8.2	3.8	2.9	0.0
合計	100.0	100.0	100.0	100.0

勢と女性労働への影響はどうか，(3)栃木県内企業のIT活用状況とテレワークの浸透はどの程度なのか，(4)栃木県内の企業のITおよびテレワークへの期待度は高いか，を念頭において，以下の三つの視点からまとめてみる．

① ITの進展・普及と地方（栃木県）の特性
② 栃木県企業のIT化への取り組み状況と女性労働との関連性
③ 栃木県のIT化とテレワークとの関連性（テレワークへの期待度も含めて）

まず，第1の視点では大都市圏の企業に比較して，ITの進展・普及には遅延感がある．その理由は，栃木県の立地的特性，すなわち生産拠点としての工場立地県という状況が指摘できる．本社のような政策意思決定の拠点ではないので，情報が重要な要素になりにくい面があろう．

また，地場産業も農業を除くと観光や中小規模な建設業，地元金融機関などが主であり，IT化ノウハウを取得するには資金的，人材的に難しいということが推察される．さらに，地方特有の風土から，革新的なものに対しての敏感

さがやや弱いこともあげられよう．

以上の点は，第2の視点，ITへの取り組み状況からも判断できよう．インターネット活用についてみると「やや活用している」が約5割で，「かなり活用」は2割に過ぎない．従業員規模1,000人以上の企業でも実態は同様である．

IT活用の目的も事務処理の迅速化など定常的業務が主である．しかし，今後重点を置きたい点として，顧客サービスやマーケティング力などがあげられているところから，近い将来のITの進展・普及に伴って戦略的，創造的業務への活用は大いに期待できる．

第3の視点であるテレワークとの関連について，栃木県においては意識的には女性労働の重要性・必要性は認識しているものの，現実には従来の女性観が根強く残っている．したがって，女性労働力を有効な人的資源として活用しようという動きが，企業において十分浸透しているとはいい難い．企業のこのような組織風土が，ITおよびそれを応用したテレワークへの関心度，認識度を弱めているのではなかろうか．テレワークについては未だ揺籃期であろうが，行政・企業における適切な啓発活動によって栃木県の女性就業者に新たな就業形態を拓くことは容易である．

注

1 労働省女性局編『働く女性の実情 平成9年版』㈶21世紀職業財団1998年．付表11によると，1991年（平成3年）以降，育児期にあたる25〜29歳の労働力率は上昇傾向にあり，M型曲線の底辺は30〜34歳にシフトしている．

2 C.Srubbs and J.Weelock. A Women's Work in the Changing Local Economy, Avebury, 1990, pp.73-75, Jane Waldfogel, "Understanding the Family Gap in Pay for Women with Children" The Journal of Economic Perspectives Vol.12. No.1,1998, pp.149-153 子どもを抱えている女性労働者の賃金上の不利について，育児の負担のない（子どものいない）母親との比較を実証的に分析研究している．

3 平成4年「国民生活基礎調査」によると，寝たきり要介護老人の主な介護者の85.6%が同居者であり，性別でみると女性が84.0%を占めている．

4 調査概要：①栃木県全域，②調査対象；0〜15歳までの子供を持つ男女，③標本数；1,200，④調査方法；個別面接聴取法，⑤調査期間；平成11年9月〜10月，⑥回収率；82.2%．

5 県内事業所1,000事業所および事業所で働く男女従業員に郵送によるアンケート調査を行った．調査期間1999年10月，有効回答率42.7%．

6 労働省が1999年（平成11年）度から実施している表彰制度．仕事と家庭の両立を支援する制度を確立・実施し成果をあげている企業を「ファミリー・フレンドリー企業」として認定し表彰する．対象企業は，育児・介護制度・勤務時間の短縮などの制度を整え，効果的に運用しているかどうか審査される．1999年度は，全国で33企業が表彰された．

7 「ファミリー・フレンドリー企業」として表彰された受賞名・年代；①宇都宮東武百貨店：労働大臣努力賞，2000年（平成12年），②秋田精密電子工業：労働大臣努力賞，1999年（平成11年），③京都中央信用金庫：都道府県労働局長賞，1999年（平成11年），④クロイ電機：都道府県労働局長賞，2001年（平成13年）．

8 栃木県では1999年以来，東武百貨店も含めて3社が受賞しているが，労働大臣努力賞は東武百貨店が初めてである（他2社は，女性少年室長賞，都道府県労働局長賞）．受賞を記念して，宇都宮市内で授賞式が開催され（2000年10月27日），当百貨店の人事部長より「家庭と仕事の両立」特に「育児休業制度」を中心とした講演が行われた．

9 秋田精密電子工業株式会社『会社概要』および『協定書資料』1999年（平成11年）12月現在．

10 育児・介護制度の利用率の推移（育児休職／介護休職 1999年（22名／0名）2000年（10名／1名）2001年（16名／0名）2002年（17名／1名）．

11 ㈳日本テレワーク協会「日本のテレワーク実態調査研究報告書（平成12年版）」札幌，仙台，東京，名古屋，大阪，広島，福岡の大都市中心に5,000社調査．回収率：非会員企業579社11.6%，会員企業29社45.3%．主として東京地区の回収率が多く42.0%であ

る．属性：会員企業（サービス業が多い）37.8％．非会員企業10.4％．従業員規模1,000人以上会員企業58.6％，非会員企業10.4％．
12 日本労働研究機構「情報通信機器の活用による在宅就業の実態と課題 調査研究報告書1998，№113」1998年9月．1997年（平成9年）10月 IT 活用の在宅就業が普及しているとみられる業種（主として印刷出版，情報サービス業など）677社対象に調査．有効回答216社（回答率31.9％）．
13 ㈳日本テレワーク協会，前掲書，26頁．

Chapter **6**

就業形態の多様化と仕事と家庭の両立

1. 就業形態多様化と雇用の非正規化

(1) 非正規社員の増大

1999年（平成11年）の女性労働白書[1]によると，女性労働力人口（就業者＋完全失業者）の減少が前年対比で12万人（1998年2,767万人，1999年2,755万人，0.4％減少）と報告されている．男性の前年対比で2万人減少（1998年4,026万人，1999年4,024万人）と比較して，女性にとって厳しい雇用環境が強く影響していることがわかる．

さらに近年，日本の女性就業者に顕著にみられる特性は，非正規雇用者の増大である．Chapter 3の1の(2)で既述したが，厚生労働省の調査「平成11年就業形態の多様化に関する総合実態調査報告」によると，1999年（平成11年）の正規社員と非正規社員（パート，派遣社員など）の比率は，72.5％，27.5％である．非正規社員のなかでも，パートタイマーは73.9％と最も比率が高く，1994年（平成6年）の同調査と比較すると，非正規社員は22.8％から27.5％と4.7ポイントも増加している．逆に，正規社員は77.2％から72.5％に減少している．

女性パートタイマーの就業状況をみると，週35時間未満の就業者，すなわち短時間雇用者（非農林業）は，1999年（平成11年）は773万人で前年比17万人2.2％の増加である．短時間雇用者全体で女性の占める割合は1999年（平成11年）では約7割（67.9％），女性雇用者（非農林業）2,065万人に占める比率は37.4％である（総務庁「労働力調査」，図6－1）．

非正規社員，特に，パートタイマーが増加している産業分野としては，前述した厚生労働省の調査（1999年）によると，パートタイマーのうち短時間パートタイマーが卸・小売業，飲食店産業で45.3％と目立っている．このことは，産業構造が雇用の面でも製造業などの2次産業から卸・小売業や飲食店等の3次産業であるサービス業分野にシフトしてきており，パートタイマーをも雇用吸収していることがわかる．

6 ●就業形態の多様化と仕事と家庭の両立

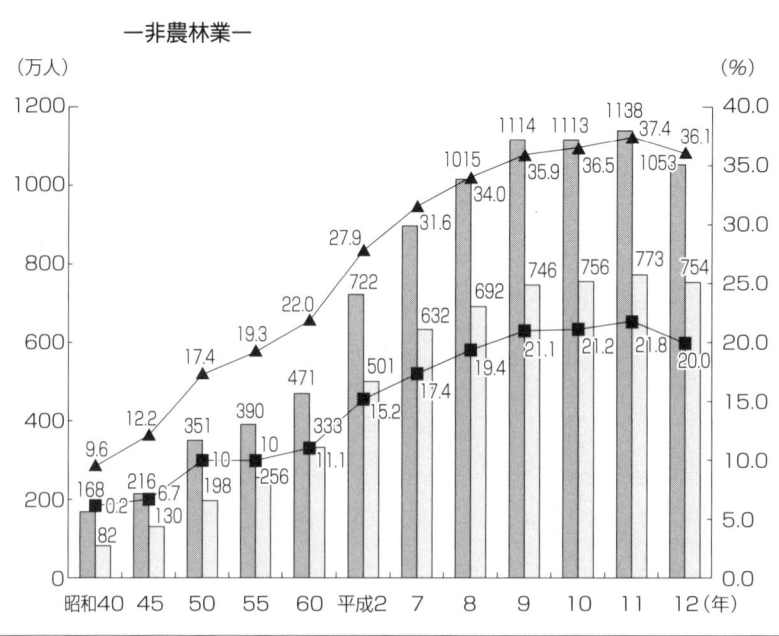

図6−1　短時間雇用者（週間就業時間35時間未満の者）数及び構成比の推移
　　　　−非農林業−

[Figure 6-1: Bar and line graph showing trends from 昭和40 to 平成12. Data points:
- 昭和40: 短時間雇用者数 168万人, うち女性 82, 女性雇用者中割合 9.6%, 雇用者総数中割合 0.2 (?)
- 昭和45: 216, 130, 12.2%, 6.7%
- 昭和50: 351, 198, 17.4%, 10
- 昭和55: 390, 256, 19.3%, 10
- 昭和60: 471, 333, 22.0%, 11.1
- 平成2: 722, 501, 27.9%, 15.2
- 平成7: 900(?), 632, 31.6%, 17.4
- 平成8: 1015, 692, 34.0%, 19.4
- 平成9: 1114, 746, 35.9%, 21.1
- 平成10: 1113, 756, 36.5%, 21.2
- 平成11: 1138, 773, 37.4%, 21.8
- 平成12: 1053, 754, 36.1%, 20.0
凡例: 短時間雇用者数／うち女性／女性雇用者中短時間雇用者の占める割合／雇用者総数中短時間雇用者の占める割合]

資料）総務庁統計局「労働力調査」より作成．

　企業がパートタイマーなど非正規社員を雇用する要因は，①人件費節約，②景気変動に応じた雇用調整，③仕事の繁閑対応，④専門業務のアウトソーシング，⑤即戦力・人材活用，⑥臨時・季節的業務変動への対応，などがあげられる[2]．また被雇用者，特に女性就業者からみれば，ある程度時間的自由のある勤務として柔軟性があるパートタイマーの仕事は，家事・育児に拘束される女性にとっては就業しやすい形態といえる．近年では不況からやむを得ずパートなどの仕事につく場合も考えられるのは当然である[3]．

　パート社員の問題点は，家計補助という経済的理由でパートタイマーを選択する場合が多く，正規社員と比較して退職金や失業保険など社会保障の面で十分に保障されず処遇の面で弱い立場にあることである．労働大臣官房政策調査

部の調査〔1997年（平成9年）〕[4]によると，手当処遇について正規社員とパートの支給割合は，家族手当は前者と後者では69.0／2.0％，住宅手当は48.2／1.2％である．退職金は前者が78.6％，後者が9.0％と大幅な差がみられる．教育訓練については，OA機器操作正規社員／パートの実施比率は34.8／17.9％である．

また，日本のパートタイマーの特徴は，経済的理由から就業する非自発的パートタイマーが多いことである．米国では，自分の能力を活かすための自発的パートタイマー[5]が多い．パートなどを選択する理由が，未だ経済的理由によるという事情は，日本の女性が労働の面で自分の能力を活かす環境が十分でない，ということを示している．

日本のパートタイマー1日の労働時間は，平均5.6時間である．最も多い所定労働時間は，6〜7時間（26.5％），次に5〜6時間（22.1％）である[6]．1週間の平均出動日数が4.8日とすると，推定で週平均約26時間であり，この数字（時間／分）はイギリス17.50，フランス22.40，ドイツ18.50，オランダ18.40，その他EU加盟国15カ国19.40比較するとやや長い[7]．

女性労働白書（平成12年版）では，学卒者のパートタイマー化の傾向を指摘している．女性の学卒者の場合，1991年（平成3年）〜1993年（平成5年）では，男女学卒者のパートタイマーとしての入職率はともに0.1％で変わらない．しかし，1997年（平成9年）〜2000年（平成12年）では学卒男性は変わらないが，学卒女性は0.2％と0.1ポイント上昇している．学卒女性の就職難の一端を現すものであろう．

パートを中心とする非正規化の就業形態は，今後とも進展していくと思われる．これまで，非正規（特にパート）労働者は，企業における景気変動に伴う労働の調整弁として，便宜的な働き手として雇用されてきた．しかし，近年，パートタイマーの戦力化を図ろうとする企業も出てきており，企業にとって必要な人材として，正規社員と同等な評価対象として認識する傾向もみられるようになった．パートタイマーの戦力化は，流通業界や外食産業などにその先行例がみられる．例えば，高島屋は，福利厚生の恩恵は正社員と同等処遇にして

いる．西武百貨店では，パートの能力開発支援を実施している．しかし，パートタイマーなど非正規社員の処遇をどこまで正規社員のレベルまで拡張するのかはっきりしていないのが一般的な状況である．

さらに，非正規社員の処遇改善も含めて，パート・派遣社員などの非正規社員を正規ないし準正規として戦力化していくことも検討しなければならないだろう．また正規社員のなかには一定の雇用制度上の保障があれば，柔軟な働き方を選択する可能性の強い非正規化を志向する者も出てくる可能性もある．

（2）準正規社員制

本来，労働法による諸規制は正規社員を対象としているが，対象範囲を拡大して就業形態の柔軟性を促進する必要がある．筆者が示唆する非正規社員の「正規化」ないし「準正規化」は，いわば，正規，非正規の身分的雇用形態，あるいは差別的処遇ないし主要，補助的仕事といった仕事の格差など個人の能力以外の要因で雇用するのではなく，個人の能力による雇用機会を促進すること，そして多様な就業形態を自由に随時選択できることのなかに「準正規社員」[8]の設定を提案したい（図6-2）．

筆者が意味する準正規社員とは，勤務時間は正規社員（法定労働時間週40時

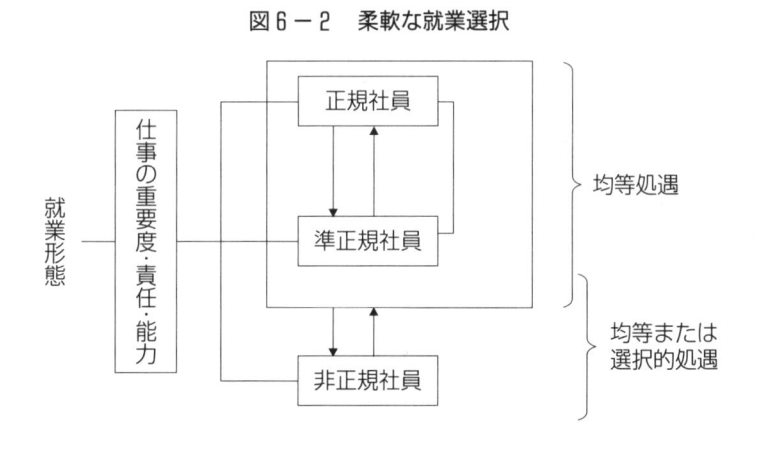

図6-2 柔軟な就業選択

間）より短いが，雇用保険，健康保険，休日（有給休暇など）は正規社員として身分的に保障されるものである．準正規社員の場合，正規社員と比べて転勤など勤務地，配置転換などの職務，残業など就業上の拘束性がないか，少ないことから賃金格差はある程度生じるのはやむを得ない．しかし，これら雇用形態の柔軟性，多様性を有効なものにするには，雇用上の公正さや均等性を欠くとされるフルタイム／パートタイムの大幅な賃金格差[9]を解消する必要があろう．時間に対して賃金を支払うのではなく，同質職務（仕事の内容）同一賃金の職務給体系の確立が強く要請される．

　また，正規社員であっても育児や介護などの理由で，一時的に短時間労働にシフトし準正規社員として働き，育児・介護期間経過後，正規社員に復帰できる制度によって仕事と家庭の両立を可能にすることから，これまでも指摘してきた働く女性の精神的，肉体的負荷を軽減することにもなろう．準正規社員は労働時間こそは短いが，正規社員と同じ仕事内容で仕事上の責任も正規社員同様担う．そして，準正規社員制度は正規社員と同様の評価や賃金を保証する制度であり，人材活用の面でも企業にとって利点となる．正規社員と準正規社員を，双方向自由に選択できる制度は，仕事と家庭の両立を可能にする働きやすい就業環境を企業が提供することになり，意欲と能力ある人材を確保・活用する戦略的な人材活用が図れる．

　従来の非正規社員，特に，パートタイマーなどには非専門的ないし高度な仕事に就きたくない，あるいは就かなくともよい人（女性）もいるが，これらを志望する非正規社員は，フルタイムの正規社員との賃金差など選択的処遇はやむを得ないとしても，能力，意欲のあるパートタイマーで正規社員と同じような仕事に就く場合は，仕事・能力・成果に見合った処遇をすべきである．休日，社会保障，年金などの諸制度については，可能な限り正規社員・準正規社員および能力あるパートとの均等処遇化と，働く者が状況によって就業形態を選択できるような3雇用形態間の流動化を図っていく必要があろう．その他，派遣社員，契約社員，業務請負など非正規社員の就業形態については，派遣社員には改正労働者派遣法（1999年施行）の保護規定が適用されても，契約社員，業

務請負には法的保護規定が不足している．本書で取り上げる在宅ワーカーは，契約社員，業務請負の形式をとることが多く，雇用形態の確認と業務内容，雇用期間など契約の明確化が求められる．

提案する図6－2を実現するには，正規，準正規，非正規いずれの雇用形態をとるにしても，①法的な身分保障の確立，②社会保障制度確立，③同質職務同一賃金体系の確立，④育児・介護制度・施設など，社会基盤の確立が条件となる．

金融機関や百貨店では，出産・育児のために退職した女性を，非正規社員（派遣・パート社員）として再雇用制度を設けている．人件費抑制だけでなく，元正社員として勤務した経験，能力および職場への順応性が高く，その効果を狙って採用するケースが多い．このような企業の動きの背景には，固定的，短期的視点での人材活用ではなく，意欲・能力を主体とした長期的な人材資源の活用しようとするねらいがある．

（3）非正規雇用（パート）の日米欧比較と日本の雇用慣行特性

先進国における社会構造や経済・文化のグローバリゼーションによる労働市場の変化は，世界的に共通性を持つようになった．先進国では非正規雇用が拡大している．非正規雇用の拡大は，先進各国とも，従来の雇用，すなわち正規雇用を対象に設定されてきた労働関係制度・政策に不調和をもたらしている．

先進各国の代表的な非正規雇用形態は，パートタイマー，派遣社員，有期雇用[10]の三つに分類される．なかでも，パートタイマーの比重が各国とも大きい．OECDの資料（1999年）によると，女性就業者に占めるパートタイマーの割合は，日本を含め欧米の先進諸国は25～30％台の比率である．1990年／1999年ではフランス，ドイツ，イタリアなどEU主要国および日本は増加傾向にあり，北欧は減少傾向にある．イギリス，米国などアングロサクソン系は横ばいの様相を示している．ただし，米国はフルタイムワーカーが一般的であり，イギリスの40.6％（1999）と比較すると19.0％（1999）と半分である（表6－1）．

なお，パートタイマーについて女性労働の視点から国際比較をする場合は，

表6-1　主要先進国の就業者に占めるパートタイマーの比率推移

(%)

	1990	1996	1999
カナダ	26.5	28.9	28.0
フランス	21.7	24.1	24.7
ドイツ	29.8	29.9	33.1
イタリー	18.2	20.9	23.2
ノルウェイ	39.8	37.5	35.0
スウェーデン	24.5	23.5	22.3
イギリス	39.5	41.4	40.6
米国	20.0	20.2	19.0
日本	33.4	36.7	39.7

資料) OECD Employment Outlook June2000, p.218から作成.

育児や介護休業など制度的な側面や意識も含めて考察する必要がある．アングロサクソン系の米英型（特に，米国では女性もフルタイムワーカーが多い）とワークシェアリングに特徴を持つEU型など[11]，先進各国とも社会，経済，文化的背景で異なることが多い．

　ここで，日本のパートなど非正規社員の雇用特性を再確認し，その上で仕事と家庭が両立できる方向を示唆してみたい．日本のパートなど非正規社員は，企業の業務の必要度に応じて調達され，企業の長期雇用制の安定化を図る上からも，不況期において雇用調整の機能を果たす雇用慣行として位置づけされた点に特徴がある．1970年代から非正規社員は不況を経ながら増大傾向をたどっている．また1990年代以降，雇用環境のグローバル化，あるいは能力主義，成果主義への転換が叫ばれているが，内実は中核となる労働者を中心に人材の精鋭化を図り，同時に非正規社員を増加させることによって日本の雇用慣行の特性である長期雇用の安定を維持するという論理に基づくもので，従来の長期雇用の安定の延長上での変化に過ぎない[12]．

　長期雇用の安定化の支えとなっているのが，非正規労働の大半を占める女性である．女性が主流を占めているパート労働の主要な課題は，「仕事と家庭の両立」であろう．その背景には女性の家事・育児の負担が大きいということが

あげられる．女性に負荷がかかるような両立負担の状況の根底には，性差による固定的な役割分担を是認する伝統的価値観が，暗黙のうちに社会通念として浸透していることによる．

主たる世帯主としての男性正規社員の長期雇用を維持するために，女性労働に多い非正規社員の雇用増大や調整によって経営の安定性を確保するシステムや男性の正規社員，女性の非正規社員の賃金格差を前提とするなどは，日本の雇用慣行の特性として指摘されることが多い．日本の非正規社員の存在特性は，雇用の安定性の程度と賃金格差によって特徴づけられる階層化された労働市場[13]を象徴するものという見方は参考になろう．

これまで述べてきたように，日本のパートなど非正規社員の増加および位置づけの背景には，70年代初頭以降の経済不況によって，パート労働者など，非正規雇用を雇用調整の安全弁として男性正規社員の長期雇用制の安定維持を図る意図があるが，女性側からも本来，正規社員として働きたいが，育児専念のため不本意だがパートもやむを得ないとして支持されてきたきらいがあることも指摘しなければならない．しかし，この「不本意」という言葉には，日本企業の雇用慣行が家庭の経済的担い手を男性とし，男性社員を主体に採用し，社内教育によって仕事の熟練度をあげて長期雇用を保障する．替わりに女性は家庭を守る，「男性は仕事，家事・育児は女性」という二分された固定的性差役割に束縛されることに対する女性側の問題意識の提示でもある．

以上のような状況を踏まえつつ，女性が安心して就業できるモデルを欧米いずれの先進国に求めるべきであろうか．ワークシェアリング政策を基盤として，パートタイム労働を推進し，男性女性の別無く育児・家事機能を分担して仕事と家庭の両立を図り，女性の就業率をあげているオランダ[14]にその範を求める案には同意するが，本書では新たな視点として情報化の点から仕事と家庭の両立を可能にする方向を探究してみたい．

2. 女性の社会参画とテレワーク

（1）女性の社会参画とテレワークの可能性

　女性の社会参画は，社会，経済，地域，家庭において不当にそして伝統的価値観として精神領域においてまで差別的処遇，差別的体験の積重ねに対する抵抗活動，言い換えるならば，女性が男性と同等の地位向上を図るねらいから提唱された．そこには，性差を強く意識した反動として女性地位向上運動という息吹があったといえよう．社会的役割（意思決定，政策立案，マネジメントなどの領域）において"ジェンダー・フリー"という理念のもとに，能力面で男性と同じ水準で参画するという考え方に転換することで女性の「社会参画」の意義が確立した[15]．

　ジェンダー・フリー理念は90年代に加速され，特に，政府など公式機関で「男女共同参画」の概念が打ち出されて以来，女性の地位向上のための動きがさらに活発になってきている．1999年（平成11年）6月には「男女共同参画社会基本法」が成立・施行され，社会全般および家庭における従来の役割分業の解消に大きな影響を与えた．雇用面での法的整備としては均等法が1985年（昭和60年）に施行，1997年（平成9年）に改正され，女性の雇用面での均等な就業機会の確保や処遇改善が推進されてきた．男女共同参画社会基本法の成立によって，雇用面だけでなく社会全般においても女性の地位向上がより一層強調されることになる．その他，法的整備としては1992年（平成4年）施行の育児休業法が施行され，父親も育児休業が取得できるようになった．さらに，1995年（平成7年）の育児・介護法など労働生活関連法の整備が進んでいる．現実的には，これら法・制度によって社会，企業，家庭などにおける性差的役割分業が直ちに解決するわけではないが，基本的には就業の多様性を認識した上で，仕事と家庭の両立を実現する方向に動きつつあるとはいえよう．

　これら女性地位向上の法的，制度的整備はテレワークとどのような接点を持つのであろうか．本書でもしばしば触れているように，日本の女性労働力率が

出産・育児ステージで低下し"M"型を描くが，そのM型のボトム部分の上昇を可能にする手段としてテレワークは位置付けられないであろうか．在宅ワークを行っていて子供のいる女性を年齢階級別にみると，30～34歳台の割合が多い[16]．また在宅ワーク従事者で，就業形態が専業・アルバイトとも，末子の年齢が2～3歳代の女性の割合も多い[17]．このことは，M型でボトムを形成している30～34歳台が，就業を継続する上でテレワーク（SOHO，在宅ワーク）は有効な手段になり得る可能性があることを示しているといえる．

在宅ワークやSOHOなどIT化の進展によって，出産・育児あるいは介護など女性の就業継続を阻む状況を解消し，雇用の維持や女性の就業継続の可能性はみえ始めているが，企業をはじめ行政体において家事・育児の支援施策・制度の充実が同時に組み込まれていなければならい．

（2）ブロードバンドによるネット化社会と女性の就業

『九州・沖縄におけるSOHOに関する調査』[18]によると，家事分担の比重は，女性の場合「主として自分」59.6％，「自分のみ」26.9％と86.5％が女性の肩にかかっている．「家族との分担」は13.5％に過ぎない．また育児については，女性では「主として自分」42.3％，「家族と分担」17.3％，男女合わせて「自分のみ」11.7％である．「自分のみ」は，ほとんど女性回答者と推察される．育児に関して地方では親との同居のケースが多く，親の支援があると思われる．しかし，それでも，この調査では4割強が女性の役割となっている．

地方においても育児や介護については制度の整備，あるいは男性も参画するという傾向が強まっており，家族の理解の高まりといった価値観の変化から男女共同参画の風土が醸成されつつある．しかし，家事は公的要素が希薄なせいか女性負担になる傾向が依然として強い．

特に，地方では工場立地あるいは地場産業という産業特性，あるいは若年層の流出・減少，高齢化の進行などから革新的風土に乏しく，首都圏の情報浸透も弱い．このような環境で女性の社会的，経済的地位向上を図り，就業条件を整備していくには，行政，企業，地域社会，家族，学校などあらゆる場での意

識と行動変革運動を促進していく必要がある．

　また，情報化時代とはいえ，情報内容・質，利用ソフト（技術）において大都市と地方では依然として格差がある．前章の筆者の調査で栃木県企業の情報基盤の弱さを示したが，これらの情報環境整備によって女性が働きやすくなる状況を促進していくことが急務である．光ファイバー通信などを活用した高速・大容量インターネット通信，ブロードバンド時代を迎え，大量のデータとテレビ並みの画質と音声がパソコンから円滑に送受信可能になった．通信速度は，デジタル加入回線（DSL）でも総合デジタル通信網（ISDN）の10倍以上である．政府のIT戦略本部は2005年（平成17年）までにDSLなど高速ネットを3千万世帯に光ファイバーを使った超高速ネットを1千万世帯に普及させる目標を掲げている．（「e-Japan重点計画」2001年3月）．総務庁はDSLの加入者が，2002年（平成14年）3月末時点で237万回線に達したと発表した（2002年4月10日付読売新聞朝刊）．2001年（平成13年）秋以降，利用者が急速に増加し，1年間で加入者が20倍以上に拡大している．

　ブロードバンド化（促進）により距離的ハンディキャップはますます解消されよう．首都圏と地方（遠隔地）での情報交流は，ネット接続機器の多様化に伴って企業と企業，企業と個人とのつながりは深まると考えられる．テレワークの普及の可能性はIT化の新たな進展によって拡大していくが，それには現在のように正規社員と比べて仕事の確保，報酬，教育，福利厚生などの面で不明確，不安定と，処遇面で均等を欠く状況のテレワーク・在宅ワークの仕事を，どのように是正していくかがカギを握っているといってもよいであろう．

3．「仕事と家庭の両立」型就業形態としてのテレワーク（在宅ワーク）

（1）テレワークに対する期待

　女性の就業における仕事と家庭（育児）の両立については，これまでIT化

の進展に直接関わることなく論議されてきた[19]．他方，日本のテレワークは，1980年（昭和55年）代初頭から電気通信各社のサテライトオフィス実験などに始まり，1995年（平成7年）以降はPCや携帯端末など，情報通信機器の開発普及やインターネットのITネットワーク整備などIT環境の進展に伴って，企業，行政体のテレワークへの関心が高まり，テレワークの普及が急速に進展した．今日，テレワークが注目される要因は，家庭へのPC普及とそれに伴うインターネット利用者の増大である．

さらに，研究機関や白書など[20]において時間と場所に拘束されないテレワークという就業形態が本格的に取り上げられ，女性就業の主要な阻害要因となっている育児や介護，家事などの負担を軽減する可能性をもたらす就業手段として注目を引くようになった．

Chapter 4の1の(1)でも述べたように，日本のテレワーク人口が2000／2005年対比で2,464千人から1.8倍の4,452千人と急速な増加が予測される．また，本実態調査から企業サイドのテレワークへの姿勢をみると，調査対象企業579社のうちの約24％の企業が「テレワークの導入・実施予定・検討中」であり，上場企業（N＝82）では33.0％の比率を示している．このことは，企業側においても，通勤時間の短縮や，業務効率の向上，移動時間を含めた生産性の向上，動機づけや自己実現欲求の実現が期待でき，さらに，育児・介護など福祉支援政策と関連づけられるということを視野に入れた経営展開の可能性に期待していることを示すものである．

テレワーク人口の増加を支える供給側（女性労働）とテレワーク利用者としての需要側（企業）との期待を踏まえて，仕事と家庭の両立と経済性をテレワークに求める理由について，供給側の女性労働の視点と需要者（企業）側の，二つの視点からみてみる．

両立の期待からテレワークを志向する理由[21]については，すでに述べているが（78頁），有配偶女性（子供有）のテレワーク（在宅ワーク）の選択理由の第1番目に「家族の世話や家事」（81.2％），2番目に「仕事が柔軟・弾力的」（57.7％）があげられている．このことは，テレワーク（在宅ワーク）が育児・

介護・家事などの解決手段として，女性側から表明された期待度の大きさを物語るものといえよう．また，国土庁調査[22]によると，東京近郊の9割近い女性がテレワークに高い関心を持っている．「育児を優先しながら仕事をする」という希望[23]を，テレワークに託していることが推測される．

一方，需要側としては，前述の㈳日本テレワーク協会の調査[24]によると，企業の目的別実施効果をみると，「勤務者の移動時間の短縮・効率化」，「オフィスコストの削減」「勤務者の生活のゆとり」などの効果をあげていることがわかる．また，日本労働研究機構の調査[25]によると，在宅ワーカーに企業が発注するメリットとして，仕事量の増減に対する弾力的対応，外部の専門能力の活用（非正規社員のなかでも派遣社員の活用に多くみられる：外部化形態の一つ）があげられている．

テレワークという就業形態は，直接従来の女性労働問題を解決するために開発されたものではない[26]．しかし，非正規社員としてテレワークを考える場合，どうしても日本の雇用慣行から発生する問題に遭遇する．例えば，現在のテレワークをみると，依頼主（企業）との契約上の不備や不明確，仕事の安定的確保，所得分配の問題などあげられる．

IT化の進展を，日本の女性就業の課題である仕事と家庭の両立の解決という視点から検討する場合は，マクロ的には少子化，グローバル化，正規社員の少数精鋭化，能力主義，成果主義への変化などを見据えると同時に，正規・非正規という階層化から脱却した労働環境の形成が要請されよう．

テレワークを男女参画共同社会に適合する就業形態とするには，日本特有の雇用慣行の是正が求められるが，その要点は以下のとおりである．

① 正規・非正規社員の賃金や処遇格差の是正
② 性差や正規・非正規という身分的基準ではなく個人の仕事遂行能力に応じた賃金体系の確立
③ 労働時間の短縮
④ 正規・非正規社員の社会保障，福利厚生保障の平等化

⑤　多様な就業選択可能な労働市場環境整備
⑥　育児・介護など支援制度・政策の整備
⑦　企業組織および個人としてのCDP（Career Develop Plan）制度[27]の確立と支援
⑧　相談・苦情処理など就業問題解決機関の創設

　経営におけるIT化の推進課題は，企業効率の向上，あるいは顧客満足を実現できる新たな事業の中核価値（コアバリュー）を創造することにある．そのためにはIT化を基盤とする新たな事業の発展させるため，性差に関係なく，有能な人材投入を図っていく必要に迫られよう．それによって，高学歴で，専門的能力の発揮を希望する女性の就業機会を拡大させることができる．

（2）仕事と家庭の両立支援施策とテレワーク（在宅ワーク）

　本節では，仕事と家庭の両立施策について日本の特徴を盛り込んだ育児・介護休業法に触れ，さらに，1995年（平成7年）従来の育児休業法に介護法を合体させて改正した背景について考察してみる．

　1980年代半ばから今日に至るまで，均等法（1984年制定，1997年改正），短時間労働者の雇用管理の改善等に関する法律〔1993年（平成5年）制定〕，育児・介護休業法〔1995年（平成7年）制定〕，男女共同参画社会基本法〔1999年（平成11年）制定〕など法的・制度的環境整備は，女性の多様な就業形態やライフスタイルを選択する可能性の拡大をもたらした．特に，育児・介護休業法の成立は，仕事と家庭の両立のための支援政策法として重要な機能を果たすものとして，その期待は大きい．1995年（平成7年）「育児休業に関する法律の一部を改正する法律」が成立し，育児休業について変更はないが，新たに「介護休業法」が加えられ，「育児，介護休業等育児又は家族介護を行う労働者の福祉に関する法律」，すなわち「育児・休業法」となった．

　仕事と家庭の両立施策として育児だけでなく，介護も含めて働く者の休業保障を目的とする同法は，欧米先進国にみられない日本特有の高く評価すべき政

策法である．育児・休業法成立の背景には，急速に進む日本の高齢化社会にあって，高齢者の世話，とりわけ介護を必要とする高齢者の世話の負担が，欧米先進国と比較すると家族に依存する度合が高いということが特徴としてあげられよう．さらに，家族のなかでも妻など女性の役割としてみなされる，いわゆる性別役割分担という社会的価値観が底流としてあることが指摘できる．

（3）女性労働問題の解決とテレワーク（在宅ワーク）
　　——仕事と家庭の両立を図る日本モデル構築のための課題

　法的支援施策の整備に加えていま注目されているのが，政府および労使三者の合意に基づいて仕事と家庭の両立を図りながら，労働時間の短縮を基盤に雇用機会の創出を実現したオランダの雇用政策（ワークシェアリング）である．オランダでは雇用政策を実効あるものにするために，パートタイム労働を積極的に推進した．いわばパートタイム化を正規社員に導入する発想である．このシステムが，効果的に実施されている基盤的背景として，パートタイマーとはいえ，フルタイマーと差がなく均等待遇が法的に保障されている点にある．また，フルタイム，パートタイム双方の転換も法律によって保障されている．正規・パートともに均等待遇原則に基づくという考え方は，日本のパートタイマーが低賃金，待遇上の差別，不安定さを特徴とする状況とは異なる．

　オランダ・モデルが[28]企業における男女共同参画社会，さらにその理念に基づく「仕事と家庭の両立」を志向する日本の女性労働に示唆するものは大きい．オランダのワークシェリングを柱とする雇用政策は，「仕事か家庭か」という二元論的発想[29]によるのではなく，自分の生活を重視した価値観（生活者の視点）に基づいて多様な就業形態を選択できる可能性を持っている．ゆとりある生活志向を基盤とするもので，今日日本でも，いわゆる「会社人間」という反動から家庭生活やゆとりある生活を志向する傾向が高まっているが，オランダ・モデルで参考にするところは多い．

　しかし，仮に，両立のための解決モデルとしてオランダ・モデルを参考とする場合，日本の労働市場における適応性を考慮しなければならないのは，日本

の伝統的性差に基づく役割分担意識や雇用慣行特性であろう．つまり，日本特有の女性労働問題の存在である．一つには，性差的役割分業という労働価値観，二つには，日本企業の雇用形態特性とされる男女の業務上の差別的位置づけ，三つには，正規・非正規就業の分断的処遇である．

以上の日本的雇用慣行の是正については，すでに述べたように，IT 化の進展とは直接関連性を持たずに論議されてきた．本書では，IT 化の進展に伴って女性就業の新たな就業形態として注目されているテレワーク（在宅ワーク）を提案することに主眼を置くが，日本的雇用慣行の是正，特に，正規，非正規の均等待遇を中核に据えて女性労働の環境改善を促進し，仕事と家庭の両立の効果的な実現を図ることにも力点を置いてきた．

テレワークは，就業手段として，正規，非正規就業いずれの就業形態にも対応する多様性を持っている．また，IT 化の進展を基盤とするテレワークは，これまでも述べてきたように，仕事と家庭の両立の解決手段として可能性は高いと推察できる．これらの可能性に期待して今後ともテレワークの労働市場に参入してくる女性の就業ニーズは増大し，そしてますます多様化してこよう．しかし，日本的雇用慣行の改革なしには，特に，待遇格差を残したままでは問題解決につながらない．したがって，仕事と家庭の両立を図るためのテレワークを構成要素とする日本モデル構築のカギは，日本的雇用慣行をどのように解決していくかという課題解決を視野に入れた上で検討する必要があろう．

将来課題としての日本モデルを設計する際の概念図を図 6－3 に示す．この図は，〈IT 化と就業のフレキシビリティ〉と〈労働価値観と日本企業の経営風土・制度〉の 4 つの次元を関連させて，仕事と家庭の両立の視点に基づく就業形態として，テレワーク（在宅ワーク）の持つ可能性を示唆したものである．性差的役割分担という労働価値観，日本企業の男女業務上の差別的位置づけ，正規・非正規社員の差別的処遇という，三つの女性労働問題への対応については，次のような動向がみられる．

①労働価値観については，仕事・家庭の両立支援の労働環境整備から，建前

図6-3　就業形態の多様化とIT化の進展

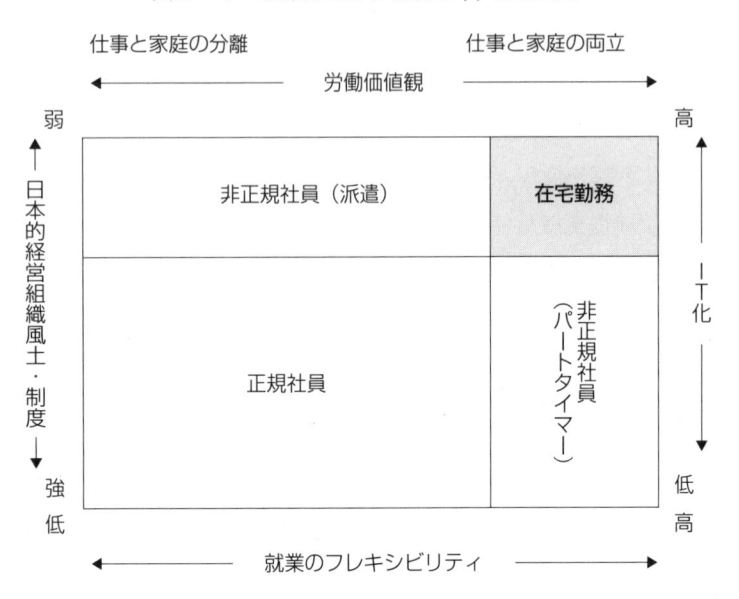

	仕事と家庭の分離 ← 労働価値観 → 仕事と家庭の両立	
弱　日本的経営組織風土・制度　強	非正規社員（派遣）	在宅勤務
	正規社員	非正規社員（パートタイマー）

縦軸：弱（高）→強（低）／IT化　高→低
横軸：就業のフレキシビリティ　低→高

上は希薄になりつつあるから，地域によっては未だ根強く残っている．しかし，栃木県の調査でも男女従業員いずれも4割近くが「仕事と家庭を両立させて長く働き続けるのがよい」という見解が最上位を占めており，意識的には両立が好ましいという意識は強い．

②能力・成果主義の重視や企業への帰属意識の減退とともに，性差的役割分業の仕組みや処遇の見直しが企業に迫られている．また，女性の高学歴化に伴い，補助的業務に甘んじていた女性も自己の能力発揮の機会と場を追求する姿勢に変化しつつある．

③現在では未だ正規・非正規の待遇面での格差は存在するが，ワークシェアリング，あるいは企業の能力主義を中心とした雇用政策の推進により，就業のフレキシビリティは伸展していくことが予測される．

以上の動向を踏まえて,以下説明する.この図では,左から右(仕事と家庭の両立,就業のフレキシビリティの高まり),下から上(日本的経営組織風土・制度の弱まり,ないし改革)が促進される社会・経済への移行と,法的環境の整備などが,情報通信技術という手段的条件の進展によって前述した①〜③の効果をより高める可能性を生起する.このことは,図6-3の大半を占めている「正規社員」のグリッド部分を,他の非正規社員,すなわち派遣や契約社員,パートタイマー,そしてテレワーカー・在宅ワーカー(在宅勤務)の部分と均等なかたち(グリッド)にすることを意味する.

本書では,IT化の進展による就業形態の多様化,すなわちテレワークという情報通信技術を利用した就業形態の進展と女性労働の問題を関連付けて考察してきた.従来の女性労働の問題領域の視点が,情報技術という新たな概念や手段を導入することにより,例えば,従来の女性労働の制約条件,育児および介護,さらには家事などの負担軽減を実現する可能性が生まれると判断できる.このことは,IT化が時間,場所という要因に制約されない,これまでの就業概念とは異なる画期的な可能性をもたらすからにほかならない.

Chapter 5における筆者の栃木県の調査でも述べたように,栃木県企業のテレワークへの関心度合は現状では低いものの,インターネットの利用状況は7割近くあることを考慮するならば,本県においても将来,時間と場所に制約されない,従来の立地性に関係しない就業形態,テレワークの普及する可能性は高いものと推察できる.

テレワークの普及について技術的側面においては社会文化的影響を受けることは少ないと思うが,女性労働の制約問題である仕事と家庭の両立に対してテレワークをより効果的な解決手段とするためのモデル構築には,

①就業形態(正規,非正規:派遣,契約,パート各社員)による賃金など待遇格差の是正,および能力,業績主義の評価制度の導入.
②企業における育児・介護のための支援制度・政策の導入・確立と職場復帰の保障.

③教育，研修制度の支援制度（行政，企業，民間における）の確立．
④地域における保育，介護サービス施設の充実．

など，労働価値観，制度の改革が必要である．
　また，欧米先進国と同じように，男女労働の平等化を理念とするが，家族依存（女性依存）をできるだけ軽くし，公的（行政），私的（企業，民間）の支援システムを充実させる欧米先進国との折衷的な案が妥当と考える．

注

1 労働省女性局編，㈶21世紀職業財団発行．
2 拙論「テレワークの普及と女性労働―就業形態の多様化とテレワーク―」，『白鷗大学論集　第15巻　第2号』2001年2月，275-297頁．
3 古郡鞆子『非正規労働の経済分析』東洋経済新報社，1997年，6-7頁．
4 労働大臣官房政策調査部編集「パートタイマーの実態（平成9年）」平成9年4月，46-47頁．
5 古郡鞆子，前掲書，3-7頁．アメリカの統計では，パートタイマーの統計を自発・非自発的パートタイマーに分けている．本書によれば，自発的パートタイマーは75％占めている（6頁）．
6 前掲資料，労働大臣官房政策調査部編集，48頁．
7 鈴木宏昌「非典型雇用の日欧比較」『日欧シンポジウム　雇用形態の多様化と労働市場の変容』㈶社会経済生産性本部生産労働情報センター，227頁．
8 今日の厳しい雇用状況のなかで政府，経済界（日経連），労働組合団体（連合）が提案しているワークシェアリングにおける基幹社員，短時間正社員，臨時社員の構想（日本経済新聞　平成14年3月23日付け朝刊）と共通するところがある．ワークシェアリング構想での「短時間正社員」という正社員とパート社員の中間に位置する就業形態は「準正規化」社員と共通概念を有するものといってもよい．
9 厚生労働省パートタイム労働研究会によると，フルタイム／パートタイム賃金格差は日本100：68.6，オランダ100：93.1，ドイツ100：87.5．
10 「有期雇用」の定義はむずかしい．日本の場合，日雇，季節労働者，アルバイトなどがその定義の範疇に入るであろう．鈴木宏昌，同上書，217-221頁．
11 前田信彦『仕事と家庭生活の調和　日本・オランダ・アメリカの国際比較』日本労働研究機構，2001年，18-23頁．前田は，女子パートタイマー労働者比率と育児休業期間の類型の2軸でイギリス・アメリカのアングロサクソン型とドイツ・フランス・スウェーデンの大陸ヨーロッパ型およびパートタイム主導のオランダ型に分類し，小国ながらパート労働とワークシェアリングに新しい試みを実行しているオランダに注目している．18-23頁．
12 海老塚明「平成不況と日本型システム」『季刊　家計経済研究　2000秋　第48号』家計経済研究所，2000年10月，22-29頁．
13 海老塚明，前掲，25頁．階層化された分断労働市場と述べている．
14 前田信彦，前掲書，18-23頁，69-80頁．
15 女性を意識した「フェミニズム」から，性差の意識を超越した「ジェンダー・フリー」の考え方に変化した意義を男女共同参画概念はもつという指摘は，納得性が高い．赤岡功，筒井清子，長坂寛，山岡ひろ子，渡辺峻『男女共同参画と女性労働』ミネルヴァ書房，2000年，41頁．

16 日本労働研究機構『パソコンネットワークに集う在宅ワーカーの実態』1998，No.106，42頁。
17 同上資料，41頁。
18 ゼミナールFUKUOKA21ジェンダー研究会あまらんすねっと『2000年度市民グループ調査研究支援事業報告書』2001年3月，85-86頁。九州・沖縄県地区のSOHO（在宅ワーク）事業者および希望者を対象にアンケート調査。回収データ：SOHO事業者77名（女性52，男性25）SOHO希望者307名（女性246，男性61）。調査期間平成12年11月～平成13年1月。
19 福留恵子「テレワークにみる女性の仕事と家庭の両立」，『季刊　家計経済研究　2002冬第53号』家計経済研究所，2002年1月，25頁。
20 日本労働研究機構の研究報告書では1998年（平成10年）に在宅ワークという面から依頼企業および在宅ワーカーの実態を調査報告している。また2000年（平成12年）にはテレワーカーの職業観という視点からの研究調査を実施している。日本テレワーク協会でも実態調査報告によってテレワーカー（在宅ワーカー）の問題，課題を明示している。2000年（平成12年）度の女性労働白書，男女共同参画白書などにおいてもテレワークの可能性を示唆している。
21 日本労働研究機構，前掲書，50頁。
22 国土庁「女性の就業に対するテレワークの可能性―東京近郊における女性の新たな就業形態に関する調査」平成10年12月，12頁。
23 福留恵子，前掲書，34頁。
24 平成12年度「テレワークの実態調査研究報告書」
25 日本労働研究機構「情報通信機器の活用による在宅就業の実態と課題　No.113」1998年。
26 福留恵子，前掲書，33頁。
27 CDPは，自己実現欲求と組織目標の達成の整合を図るための能力開発，教育研修，配属などを推進していくための総合的人事プログラムである。CDPは，企業組織だけでなく，個人としても自己の生き方，働き方に対する職業意識・能力・欲求を明確に自覚した上で職業選択を行い，遂行していくことが求められる。
28 前田信彦，前掲書，69-92頁。オランダにおけるパートの均等待遇についての報告は，市民団体「均等待遇アクション2003」が参考になる（日本経済新聞2001年11月20日付け）。その他，平成13年版内閣編『男女共同参画白書』平成13年9月，30頁。
29 前田信彦，前掲書，140頁。

Chapter 7

電子社会と女性労働の展望

M型就業曲線の改革

1. 電子社会の進展と女性労働環境の変化

(1) 電子社会のインパクト

　電子社会化の進展が，日本社会全体に革命的な変化をもたらすとされている．革命的変化とは，これまでの情報技術の影響範囲が，社会・経済システムや企業などを主体とした組織体，いわば「公の領域」を越えて私たち個人の生活の「私の領域」にまで浸透し変化をもたらすことを意味する．言い換えるならば，これまで情報収集，所有，発信の量・質とも圧倒的に企業など，公が私を凌駕していたが，情報技術の革命的進化により，公も私も同等に情報共有[1]が可能になったということである．

　また，革命的変化とは，活用が適正であれば社会発展に寄与することが極めて大きいという意味も含んでいる．本書は，女性労働問題について経済成長期を起点として，一方ではジェンダー（社会文化的男女差）の視点から，もう一方では電子社会化による労働の柔軟性という視点から女性問題の解決の糸口をさぐってきた．特に，電子社会化との関連でこの課題に挑んだのは，前述したように電子社会化の進展が公私へ革命的な影響を及ぼすと感じたからに他ならない．

　ジェンダーという人間の価値観の根底にある考え方やその考え方に基づく行動は，従来の延長上での仕組みの改善や法，制度政策の設定，啓発・啓蒙活動でも変革の可能性はあるだろうが，今日の世界的規模での電子社会の発展速度を考えれば時間がかかり過ぎるきらいがある．むしろ情報技術の急速で，変革影響度合の大きいファクターと関連づけることによって容易に，そして効果的に，新たな視点から女性労働問題の解決にアプローチできる可能性が大きいのではないだろうか．電子社会に視点をおいて日本の女性労働の雇用慣行の改善・改革をさぐり，仕事と家庭の両立を促進するような就業のあり方を研究することにより，新たな女性労働のありかたが発見できるかもしれない．

　ただし，情報技術の活用は社会，経済，生活など全般に新たな問題解決方法，

成果をもたらすことは大いに期待できるが，その活用を促進する支援環境の整備が不可欠であることはいうまでもない．この点についてはテレワーク普及を妨げる要因として，残念ながら，従来から女性労働の問題とされている性差的状況が指摘できることからも理解できよう．今後の雇用環境の変化を展望するならば，客観的にみて少子化・高齢化が進むなかで日本の労働力不足は避けられない．必然的に企業などの女性労働への期待度は高まり，労働市場への女性の進出傾向が増大することは推察できる．就業の多様化はワークシェアリングを含めて雇用の柔軟性を促進するものとして歓迎すべきことであるが，雇用の多様性が企業経営に効果をもたらすかたちでリンクさせることが重要であることを見逃してはならない．

(2) 大都市と地方のデジタル乖離

　日本の女性労働の歴史は，女性を家庭束縛からの解放の歴史ともいえる．特に，今日でさえ大都市に比較して地方においては，女性労働に関して因習的思想の呪縛が見え隠れすることは否めない．しかし，女性労働をめぐる環境は，女性自身の意識変革はもちろんのこと，企業の経営環境の変化は必然的に女性労働の必要性を無視できない傾向を強めていくであろう．特に，90年代半ばから社会・経済に与えつつある電子社会化のインパクトは，労働の面においても変革をもたらしている．

　本書 Chapter 5 で北関東の一地域，栃木県内の企業における情報化の実態について述べたが，インターネット利用状況については2001年（平成13年）情報通信白書（総務省）でも指摘されているように地域間格差が大きく，大都市圏に偏向しているのが実態である．本白書によると，インターネット利用および携帯電話・PHSインターネット利用について，北関東・甲信越地域と南関東地域では，それぞれ前者では29.5％，12.6％，後者では46.9％，15.7％と，特にインターネット利用では北関東・甲信越に比べて南関東地域は17.4ポイントも上回っている．北関東・甲信越地域は，日本10地域のうち中国地域と同じ最下位の利用率（29.5％）を示している．

また，情報流通量（発信情報量・消費情報量）は栃木県は北関東3県（群馬・茨城・栃木）のなかで最下位である．例えば，東京都の発信情報量17.9％と比較すると，栃木県のそれは1％程度であり，東京都と18分の1の大きな格差となる．

　Chapter 5で取り上げている栃木県調査においても，県内企業においては大都市圏の企業に比較してIT化の進展・普及に遅延感があることについて言及した．その理由については，立地や産業特性，地方特有の風土，企業におけるIT化の現状と取り組み姿勢，女性労働に関連しての組織風土などをあげているが，他の地方においても共通性のある事柄であると推察する．

2．女性労働問題への取り組み

（1）従来の女性労働問題の取り組みの枠を超えた政策的視点の必要性

　これまでの女性労働の論議・研究は，ジェンダーの視点からみることが多く，ややもすれば女性にとっての労働市場での不利な立場をどのように是正していくかということに重点が置かれていた感がする．そのこと自体に異議をはさむ気は毛頭ない．しかし，今日および近未来に目を向けるならば，女性労働，男性労働の区別なく雇用機会の創出という課題に対して新たな視点で考えることも必要であろう．本書の「電子社会」というキーワードを中心に取り組むのは，この主旨に沿ったものでもある．本書の中心課題であるテレワーク・在宅ワークは進展していく電子社会において，雇用機会・創出が期待できる就業形態として注目されている．日本的雇用慣行から女性が解放され，仕事と家庭の両立の実現可能性を秘めた就業のあり方を実現するために，政府や地方行政体，企業を含めてそれぞれが果たすべき役割を明確にするといった総合的観点から検討する必要があろう．以下その視点を述べる．

第一に，企業経営において新たな付加価値創出に資するということでなければ，雇用機会，雇用創出は難しい．そのためにも企業の事業の活性化と新たな事業構築が必要である．雇用機会と雇用創出は，事業経営の順調な発展との関連で可能性が生じるからである．

　第二に，本書でしばしば言及した仕事と家庭の両立は，電子社会に相応しい生活価値観や生活のあり方を推進できるような政策・制度基盤の整備することにより，実現可能性が高くなる．1995年（平成7年）法制化された育児・介護法の効果が出るようにするために，事業主に対して積極的に行政指導を行うなども，仕事と家庭の両立のための雇用環境整備の一環である．しかし，政府主導だけでなく地域においても育児・介護を担当することの多い女性に対して，就業継続や再就職するための情報提供，相談，講習会実施など政策的推進は，地域の実情に沿うようにキメ細かに行われなければならない．

　第三に，日本的雇用慣行の性差による役割分業や，正規と非正規の身分的区分から，仕事処理能力によって評価し処遇する制度の整備を社会的レベルで行う必要がある．高度成長期以来，女性の労働市場の大幅な進出はみられるものの，日本的雇用慣行のもとでは依然として補助的，臨時的に業務に従事する位置づけには変わりはない．女性雇用者増大の中身は，非正規社員，すなわちパートタイム労働者，それも家事責任負担を持つ既婚女性が主体であることから，日本的雇用慣行の枠内での女性雇用者の増大は，雇用の安定性や賃金などに格差をつけたままでの女性雇用者の増大であるといえよう．同質の仕事には同一賃金というグローバル・スタンダードの考え方に近い論理に変革していく必要がある．

　就業形態の多様化への対応や日本的雇用慣行に基づく評価不具合の是正には，企業の新たな事業展開と成長努力による雇用拡大，および中央政府・地方行政体による仕事と家事・育児・介護の両立可能な支援体制が必要不可欠である．さらにまた，正規・非正規といった身分的評価尺度を超えた生活や就業上の新たな保障の仕組みづくりのために，行政，企業ともに従来の女性問題解決の枠を超えた発想と行動が期待される．

(2) 21世紀における労働政策の取り組み姿勢
——米国連邦政府の動向とテレワークの展望

　近年,米国議会および各行政機関は,重要な公共政策の成果をあげるためにテレワークの必要性を強く支持し始めている.その背景には,交通渋滞や車の排気ガスを減少させ環境保全やエネルギー浪費の排除や職員の働く状況を改善すること,仕事と家庭の両立の実現,仕事によるストレスの解消,意欲,能力ともにより高い良質な職員の確保といったほか,さまざまな要因があげられる.[2]

　行政機関でのテレワーク活用の促進を図るため,米国連邦政府人事管理局(United States Office of Personnel Management)の長官に対して,行政機関のテレワークの従事者を2001年(平成13年)4月までに連邦政府職員の25％に比率をあげるよう指示すると同時に,2001年以後毎年,25％ずつテレワーカーの増員を図るよう計画している.連邦政府人事管理局では,連邦政府機関におけるテレワーク状況把握のため,2001年4月と11月に調査を実施した.調査報告によると,2001年10月現在,調査に回答を寄せた63連邦政府機関のテレワーカー総数は74,487人で,過去7カ月で39.5％の増加を示している.しかし,反面,テレワーカーは63回答連邦政府機関の総職員数のうち4.2％に過ぎないことも報告されている.2001年10月の国際テレワーク協議会(ITAC)のデータによると,テレワーカーの占める割合は全米就業者の20％と報告されている.

　さらに,2001年11月の調査では,政府の13の機関でテレワーカーの割合が全職員の20％以上を占める政府系機関は13あり,3,000人以上の職員がいる政府機関で20％以上のテレワーカーを擁している機関は三つに過ぎない(表7-1).

　なお,2001年4月の調査では,テレワーク導入・促進の阻害要因として,管理者層の受け入れの不備や理解の問題,設備などの資金上の問題,一般職員とテレワーカーとの公平な処遇,書類などの安全性,職場から隔離された状態での勤務,職場へのネットワーク接続など,諸々の問題解決の必要性があげられ

表7-1　テレワーカーが20%以上の比率を占める米国連邦政府機関

	職員の合計A	テレワーカーの合計B	B/A(%)
全国信用組合管理機構	1,077	745	74.0
連邦政府人事管理局（OPM）	3,576	1,379	38.5
全国芸術寄付基金局	156	57	36.5
農業信用局	270	86	31.0
消費者製品安全委員会（CPFC）	480	140	29.2
全国人文科学寄付基金局	175	51	29.1
連邦エネルギー規制委員会（FERC）	1,186	283	23.9
年金保証公社（PBGC）	739	166	22.5
実力本位制度保護委員会（MSPB）	233	52	22.3
教育省	4,872	1,075	22.1
環境保護局（EPA）	17,886	3,868	21.6
連邦通信委員会（FCC）	1,994	422	21.2
公正雇用機会委員会（EEOC）	2,886	599	20.8
計	35,460	8,293	

資料）http://www.telework.gov/statsu-summary.html （各省庁の名称については，http://www.usembassy.state.gov/tokyo/wwwh6004.html）

ている．なかでも管理者層のテレワークへの抵抗感がしばしば指摘されており，11月の調査でもこの件については最優先事項としてあげられている．

　在宅ワーク（home-based telework）に関して米国議会は，2004年まで今後の有望な就業形態として強く促進・普及を迫っている．また，在宅ワークの導入・促進は，連邦政府組織全般に，従来と異なった管理体制，組織風土を生み出す可能性が高いこと，職場と自宅とのネットワーク化を展開するための技術的問題の解決が必要であることも指摘し，これらの障害を乗り越えて在宅ワークの普及に努めるよう勧告している．

　米国が政府自らテレワーク推進に力を入れるもう一つの要因として，2001年9月11日にニューヨークおよびペンタゴンで発生したテロ行為による影響をあげなければならない．このテロ事件でニューヨークやペンタゴン等政府機関で

も多くの就業者がオフィスを失くし，道路は閉鎖され交通渋滞は悪化した．連邦政府は，大惨事に遭遇したのを契機に，政府や民間企業機能が地方へ分散した構造とそれを可能にするテレワークの重要性を強調した．地方に分散しても緊急事態の際にも，オペレーションを維持することが可能な，テレワークの柔軟な組織的構造が，高く評価されたわけである．

以上，米国政府における最近のテレワークへの取り組み姿勢について考察した．日本の女性労働問題を考えるとき，法的・政策的にも，また社会通念としても，「女性の社会参加」をはじめとして「働く女性」への環境や意識改善が促進されつつあるとはいえ，米国など欧米先進国と比較すると，産業業種，企業規模，地域によっては"M"型就業のプロセスをたどる特性が，大幅に修正されるような状況になりつつあるとはいい難い．もちろん，意識改革（特に，男性の女性労働に対する意識），労働政策や支援施策などの整備は，欧米先進国と比較しても遜色ない水準にまで進んでいるが，経済・社会・産業・技術の急速な進展を考えるならば，整備が後手になることと実効ある状況になるまで時間がかかるきらいがある．そのため有効かつ革新的な手段方法が強く期待されるわけだが，そのカギを握るものとしてテレワークがあげられる．

上述した米国議会のテレワーク促進報告書は，国の安全保障という国家レベルの機能の維持をめざす就業形態として位置付けている．仕事と家庭のバランスがとれた「生き方」の追求や環境問題まで視野に入れて国家的プロジェクトとして全体的，総合的視野からテレワークの普及に取り組もうとする米国政府の姿勢には，学ぶところが多い．

女性労働問題の解決方向をさぐる着眼点としてテレワークを基軸とした解決方法を提案するわけだが，日本でも，国，地方行政体，産業，企業団体，教育機関など全体レベル，あるいは諸機関，機能の連携（ネットワーク）したかたちで総合的な視点からのテレワークの取り組みが要請される．

3. 電子社会システムとテレワーク普及のための政策提言

テレワークに高い関心をもつ就業希望者（女性）が増えている背景には，これまでも述べてきたように，企業の情報化の進展，さらには個人ユースの情報機器保有の促進などが第一にあげられよう．積極的に女性労働を活用していこうとする企業自体の組織風土の変化や，女性の高学歴化などに伴う高度で専門的な仕事に対する挑戦的意識の高まり，仕事に対する自律的精神の高揚があると思われる．女性労働にとってテレワークが期待するものとなるには，女性が働きやすくなる環境整備などの基盤づくりが必要不可欠である．ここでは在宅ワークに焦点を絞りながら，特に，電子社会システムとしてのテレワークによる就業機会と普及，そして雇用の創出拡大に関して政策的な観点から，次の5点について提言したい．

（1）仕事確保のための組織化・共同化

女性就業者が多い在宅ワーカーの重要な課題として，「仕事の確保」[3]があげられる．受注活動は単独だけでは限界があり，組織化，共同化したかたちで受注活動を展開することが期待される．組織化，共同化は特に高度な能力・技能を要する付加価値の高い仕事の受注には欠かせない条件である．

（2）経済的安定性の確保とビジネス・ルールの確立

在宅ワークの問題点では，前述の仕事の確保についで「単価が安い」[4]と同様に，在宅ワークを中止した理由の中で「収入が少なかった」[5]などが上位に指摘されている．これは，発注者側と受注者側（テレワーカー側）との契約意識の希薄さと，条件の不備[6]や在宅ワーカーの能力の問題が関連してくると思われる．したがって，契約当事者同士が信頼して安定的に仕事を遂行していくことができるルールの確立（制度・契約）が必要である．

（3）e-ラーニング体制の充実

　テレワークに従事する女性は高学歴，専門能力活用を志向する度合が強く，またテレワーキングでは，ITを駆使した企画業務的性質の仕事が多い．企画のような付加価値の高い仕事をこなしていくには要求される能力水準も高い．テレワーク・在宅ワークが経営活動における付加価値創出に資するためには，能力あるワーカーの育成が肝心である．技術進歩が急速な電子社会にあっては従来のOJTやOff-JTのような形態では，創造性や問題解決能力育成などの，高いレベルの教育はできない．電子技術を応用した教育，e-ラーニングの確立が必要である．就業の多様化とともに多様な選択肢を持った教育学習の仕組み，すなわち多様な個人ニーズとレベルに合った多種多様な教育学習方法や生涯教育に資する仕組み，内容を整えることが強く求められる．テレワーク・在宅ワークの主要な課題として，e-ラーニング体制の整備をあげておきたい．

（4）家事・育児・介護支援システムの確立

　女性テレワーカーにとっての最大の課題は，仕事と育児・介護・家事の両立である．また，テレワーキングは突発的な仕事への対応や納期管理も重要なことである．在宅ワーカーの場合，子供の病気や学校関係あるいは家族に関しての事柄が突発的に発生する場合も多々あり，これら緊急事態に対して相互に支援し合う体制や行政支援などの環境を整えておくことが必要である．

（5）公的・第三者的民間機関設置と役割分担の明確化

　厚生労働省等を主体とした中央関係省庁・地方行政体・企業などが仕事と家庭の両立支援の役割分担を明確にし，実効性のある支援システムを構築する．

4. テレワークと今後の研究課題

　デジタル技術活用による社会の発展性への期待は大きい．デジタル社会では，テレワークを支えるインターネットやe-ラーニングなどの個別技術は，ともに必要な社会基盤と位置付けられる．したがって，これら個別技術を社会システムとして総合的に構築する仕組み，すなわち政策実行の仕組みの整備が必要となる．電子社会システム構築の主な課題は，社会基盤を構成する個々の技術を有機的に結びつけて社会の発展（高度化）に資する仕組みを創出することである．すなわち，企業や他の組織体がテレワーカーを個々にネット（結合）させる分散型だけでなく，それらを総合化したかたちの協調型（テレワーカー相互間，企業，行政機関，研究教育機関など）の仕組みの構築，分散協調型システムという視点が大事である．このテーマは，今後進展していく電子社会システムになくてはならないシステム要素になるであろうと想定すると，今後，電子社会構築のための中心政策の一つに位置付けなければならないと考える．

　本書は，デジタル技術を社会システムに結びつけて，女性労働問題の視点からテレワークを研究し，その問題解決の糸口をつかむために新しい社会システムをどのように築いたらよいか，政策的視点に重点を置いて考察してきた．特に，女性労働の主要課題である「仕事と家庭の両立」を，従来のジェンダー問題や女性の宿命的な重荷ともいうべき日本的雇用慣行の側面を考察するとともに，テレワークという就業形態に視点をあて，雇用政策としての「オランダ・モデル」に対応するような女性の就業モデル，仕事と家庭の両立を図り従来の女性への負荷を軽減する「日本モデル」構築の条件を，政策的視点からさぐってきた．テレワークを中心とした社会システムに関しては，前述したように「分散協調」という視点に立って，女性労働問題だけではなく，さまざまな分野への応用・発展が考えられる．今後は，「仕事と家庭の両立」といった課題をさらに拡大し，労働市場だけでなく，社会のあらゆる分野での女性能力の活用を視野に入れて発展的な課題として取り組んでいく必要がある．

注

1 西垣通『IT革命―ネット社会のゆくえ―』岩波新書，2001年，10-16頁．
2 http://www.telework.gov/statsu-summary.html
3 （日本労働研究機構「情報通信機器の活用における在宅就業の実態と課題」1998，No.113，184頁，186頁「パソコンネットワークに集う在宅ワーカーの実態と特性」1998，No.106，128頁，129頁）．
4 上述資料：1998，No.113，185頁）．
5 上述資料：1998，No.106，128頁，129頁）．
6 上述資料：No.113によると，在宅ワーカー側から見た契約状況口頭契約：49.6％，123頁）．

おわりに

　ここ数年，電子社会における就業形態としてのテレワークを女性労働という視点から研究し，その成果を機会あるごとに論文というかたちで発表してきた．本書はその集大成というべきもので，男女共同参画社会の実現という女性の地位と能力向上の高揚と相まって，発展する電子社会というフレームの中でテレワークの可能性を探究することに焦点をおいてまとめたものである．

　女性労働については，日本的雇用の特性分析を基軸にジェンダーという視点を交差させて数多くの研究がなされている．女性労働問題を取り上げる場合，その分析過程で必ず触れなければならない要素は，「日本的」という3文字に凝縮されたわが国の文化的特性である．この「日本的」という特性を女性労働に投影すると時に生起するのが「性差」という問題である．「性差」は女性労働問題を究明する際には，どうしても触れざるを得ない宿命的課題でもあるといえなくもない．

　しかし，近年，長期雇用制度，年功序列賃金制度，企業別労働組合を特徴とする日本的雇用システムを支えてきた労働環境条件は崩れつつあり，仕事能力の評価を主体にする方向への変貌は，女性労働をして宿命という要素を宿した諦観的課題から解決課題へと位置づけ，さらに有効活用という雇用政策上の主要課題として位置づける傾向が強まってきたといえよう．そしてそれに拍車をかけたのがIT化（電子化）社会の進展である．

　本書は，IT化という新たな社会的構造変化が，これまでの女性労働の懸案課題である「仕事と家庭の両立」を実現する上でかなりの影響力をもつのではないかという期待の発露というべきものである．言い換えるならば，「性差」という根深い課題の打破に，IT化がかなり寄与するのではないかという想いが本書の執筆の動機でもあり，執筆への挑戦力を筆者に与えたといっても過言ではない．

そして，さらに本書執筆に意欲的に取り組むことができた背景には，筆者もメンバーとして参加した電子社会基盤高度活用研究会（座長：中央大学大学院総合政策研究科教授 大橋正和博士）の存在がある．本研究会は，ネットワーク社会の基盤として最も重要と考えられるiDC（インターネットデータセンター）を中心とした協調型の社会基盤づくりための先進的研究活動を主体とするものである．研究は，情報通信基盤，電子行政基盤，分散協調ワークの3分科会に分かれ，本書の主要課題であるテレワークは，雇用創出を通じて地域の活性化を図ることを目的として分散協調ワーク分科会で主として議論されてきた．ITを利用した分散環境で協調して仕事をする戦術を研究し，実社会のアナログの世界と電子社会のデジタルの世界を結びつけ，次世代の社会システムのあり方の研究活動を開始している．

　本研究会の討議を通じて電子社会における女性労働に関して発展的視点が示唆され，多くを学ぶ機会に恵まれたことに感謝したい．本書が，21世紀の電子社会において，ネットワーク化された社会の新しい協調環境における労働のあり方，特に知的労働のあり方の構築と，意欲と能力のある女性にとっての就業機会創出に寄与することを願ってやまない．

2003年5月吉日　　堀　眞由美

参考文献

Alison MacEwen Scott, Gender segregation and social change: men and women in changing labour markets, Oxford University Press,1994.

American Manegement Association (AMA), AMA/ITAC Survey on Telework, http://www.amanet.org/research/pdfs/itac-sumary.pdf.2000.

Bertin, Imogen & Denbigh, Alan, The Teleworking Handbook-New Ways of Working in the Information Society, Telework, Telecottage and Telecentre Association, UK,2000.

Brinton,Mary C, "Women and the Economic Miracle-Gender and Work in Postwar Japan", University of California Press, c1993.

European Foundation for the Improvement of Living and Working Conditions, European Guide to TELEWORKING: A frame work for action, Loughlinstown House,1995.

European Telework Information Day 1999, Brussels

Fulton, C. "My Home Workspace is My Castle": Functioning in the Home Work Environment. In E. Balka and R. Smith (Eds.), Women Work and Computerization, Charting a Course to the Future .Boston: Kluwer Academic Publishers,2000.

Hori Mayumi & Ohashi Masakazu, "Information Technology and The Possibility of Women's Work: A New Work Format for Women in Japan" The 6th International Workshop and Conference, Amsterdam.

Hori Mayumi, "The Development of IT and a New Work Format for Women in Japan", Proceedings of t-world 2001, The 8th International Assembly on Telework, , Helsinki, Ministry of Labour Finland,2001.

Hori Mayumi, "The Present Situation and Perspectives of Women's Work: How does IT work", Hakuoh Business Review Vol.11 No.1,Institute of Business Research Hakuoh University, March 2002.

Nancy A. Nichols, Reach for the top: women and the changing facts of work life, Harvard Business School Press, c1994

OECD "Employment Outlook June 2000"

Olson M.H., "Organization barriers to telework", Homework: Historical and Contemporary perspectives on paid Labor at home, Boris E and Daniels C Publishers University of Illinois Press,1989.

Perin,C. "Work, Space and Time on the Threshold of a New Century" Jacson,P. and vander Wielen,J.M. (eds) Teleworking:International Perspectives London:Routledge, 1998

Sawhney,M.& Parikh,D. "Where Value Lives in Networked World", HBR,2001.

Slavin, The Internet and Society, Cambridge Polity Press, 2000.
Smith Dayle M,,Ph.D., Women at Work Leader for the Next Century, Printice Hall, 2000
ILO, Year book of Labour Statistics
OECD, Labour Force Statistics
OECD, Women and Structural Change New Perspectives, 1994.

赤岡功・筒井清子・長坂　寛・山岡ひろ子・渡辺　峻『男女共同参画と女性労働』ミネルヴァ書房，2000年．
石川晃弘・田島博美『変わる組織と職業生活』学文社，1999年．
猪木武徳・樋口美雄『日本の雇用システムと労働市場』日本経済新聞社，1995年．
伊東広行『21世紀労働論―規制緩和へのジェンダー的対抗』青木書店，1999年．
今井賢一『情報ネットワーク社会』岩波新書，1999年．
今田幸子「女子労働と就業継続」『日本労働研究機構雑誌』第38巻第5号，1996年．
今田幸子「働き方の再構築―多様化し混迷する勤労意識の行方」『日本労働研究雑誌 Vol.42 June2000, No.6』日本労働研究機構．
インターネットビジネス研究会『インターネットビジネス白書2002』ソフトバンクパブリッシング㈱，2001年．
大石亜希子「経済環境の変化と日本的雇用慣行」『日本労働研究機構雑誌』No.423，1994年．
大沢真知子『経済変化と女性労働』日本経済評論社，1993年．
大沢真理「政策決定システムにおけるジェンダーの主流化」『2025年日本の構想』岩波書店，2000年．
大橋正和・長井正利『インターネットデータセンター革命』インプレス社，2001年．
大橋正和『公共iDCとｃ－社会　電子政府・電子自治体・電子社会の基本理念』工学図書，2003年．
大橋正和『情報社会の安全指針』紀伊國屋書店，2003年．
大橋正和監修・タイムビジネス推進協議会編『タイムビジネス―ネット時代の時刻認証サービス―』NTT出版，2003年．
大森真紀『現代日本の女性労働―M字型就労を考える』日本評論社，1990年．
大本喜美子・深沢和子編著『現代日本の女性労働とジェンダー新たな視覚からの接近』ミネルヴァ書房，2000年．
岡朋史「少子高齢化における雇用のあり方について」『国民生活研究』第38巻第4号，国民生活センター，1999年．
奥山明良「少子高齢化社会の進展と女性の能力活用」『国民生活金融公庫調査月報』486号，中小企業リサーチセンター，2001年．
小野旭『変化する日本的雇用慣行』日本労働研究機構，1997年．
㈱NTTデータ「女性の就業と在宅ワークに関するアンケート」．
神谷隆之『在宅ワーク解体新書』日本労働研究機構，1999年．

神谷隆之「テレワークと働き方の変化と方向」『JILリサーチNo.37』日本労働研究機構 1999年.
川口和子「グローバリゼーション化の女性労働」『グローバリゼーションと日本的労使関係』労働運動総合研究所編，新日本出版社，2000年.
木下武男「年功制・能力主義の改編と今日の女性労働」女性労働問題研究会編『女性労働研究 No.37』ドメス出版，2000年.
熊沢 誠『能力主義と企業社会』岩波新書，1997年.
熊沢 誠『女性労働と企業社会』岩波書店，2000年.
厚生労働省大臣官房統計情報部雇用統計課『平成11年就業形態の多様化に関する総合実態調査報告書』平成13年.
国土庁大都市圏整備局編「女性の就業に対するテレワークの可能性―東京近郊における女性の新たな就業形態に関する調査」1998年.
国土庁計画・調整局編『産業・技術ネットワークの形成と地域活性化』大蔵省印刷局，1990年.
経済企画庁編『平成9年版 国民生活白書 働く女性―新しい社会システムを求めて』平成9年.
経済企画庁国民生活局『個人の生活を重視する社会へ』大蔵省印刷局，1992年.
経済企画庁調査局編『ITと成長企業で変わる地域経済』大蔵省印刷局，2000年.
経済企画庁「平成12年度版 経済白書」2000年7月.
コンピュータと女性労働者を考える会編『ME革命と女性労働者』現代書館，1983年.
㈶家計経済研究所編『現代女性の暮らしと働き方 消費生活に関するパネル調査 平成9年度版，平成10年度版，平成11年度版』大蔵省印刷局.
坂手康志『Eラーニング』東洋経済新報社，2000年.
坂本有芳「非雇用テレワークは女性にとって良好な就業形態か？」日本テレワーク学会『第3回日本テレワーク学会研究発表大会論文集』2001年.
島田晴雄・清家篤・古郡鞆子・酒井幸雄・細川豊秋『労働市場機構の研究』大蔵省印刷局，1977年.
柴山恵美子『女たちの衝撃―コンピュータは女の働き方をどう変えたか』学陽書房，1988年.
小豆川裕子「テレワークと"労働者"概念の多様性：組織論，労働法の視点からの一考察」『第2回日本テレワーク学会研究発表大会論文集』日本テレワーク学会，2000年.
篠崎彰彦「IT革新の時代がもたらす雇用改革」『経済と労働 1999 Ⅲ』東京都労働経済局 平成12年.
社会経済生産性本部社会労働部ワークシェアリング研究会編集『ワークシェアリング 雇用創出と働き方の変革をめざして』社会労働部生産性労働情報センター，2001年.
㈳日本テレワーク協会『テレワーク白書2000』1999年.
㈳日本テレワーク協会『日本テレワーク実態調査研究報告書 平成12年版』平成12年.
㈳日本テレワーク協会「テレワーク実態調査報告―テレワーク実施企業の事例分析―」2001年.

下山昭夫「女性離職者の生活・意識問題」『日本労働研究機構』No.466，1999年．
SOHOシンクタンク『SOHO白書』同友館，2001年．
㈶女性労働協会『「ファミリー・フレンドリー」企業をめざして―「家庭にやさしい企業」研究報告書―』平成11年．
鈴木宏昌「非典型雇用の日欧比較」『日欧シンポジウム　雇用形態の多様化と労働市場の変容』（財）社会経済生産性本部生産労働情報センター，平成11年．
ゼミナールFUKUOKA21ジェンダー研究会あまらんすねっと『2000年度市民グループ調査研究支援事業報告書』2001年3月．
総務庁行政監察局編『女性のための能力発揮を目指して』1997年．
総務庁行政局監察局編『子供を持つ母親が安心して働くことができるために』大蔵省印刷局，1998年．
総務庁統計局「就業構造基本調査」平成7年版　平成9年版．
総務庁統計局『統計でみる県のすがた　1998』㈶日本統計協会，平成10年．
総務庁『平成13年度版　情報通信白書』．
総務庁統計局「労働力調査」平成9年版．
駿河輝和・西本真弓「既婚女性の再就業に関する実績分析」『季刊家計経済研究』50巻，家計経済研究所，2001年．
高橋久子編著『新時代の女性労働―男女雇用機会均等法の軌跡』学陽書房，1989年．
竹中恵美子『現代労働市場の理論』日本評論社，1969年．
竹中恵美子・久場嬉子共著『21世紀へのパラダイム　労働力の女性化』有斐閣，1994年
竹中恵美子編『新・女性労働論』有斐閣選書，1991年．
竹信三恵子『ワークシェアリングの実像　雇用の分配か分断か』岩波書店，2002年．
田中洋子「企業にあわせる家庭から家庭にあわせる企業へ―労働時間制度をめぐる日常性の構造の日独比較」啓文社，1994年．
W．A．スピンクス『テレワーク世紀　働き方革命　理論と実践』日本労働研究機構，1998年．
通商産業省近畿通商産業局『ネットワーク型企業への転換』大蔵省印刷局，1995年．
Thierry Bardini，森田哲訳『ブートストラップ―人間の知的進化を目指して』㈱コンピュータ・エージ社，2002年．
電機労連「OA・情報化の女性労働者への影響調査」『調査時報　No.192』1984年．
東京都生活文化局女性青少年部計画課編集『東京女性白書'97』平成9年．
栃木県商工労働観光部労政課「女性が働きやすい環境づくりのための意識・実態調査結果」平成11年．
栃木県保健福祉部家庭課「子育てに関する実態調査報告書」平成12年3月．
内閣編『男女共同参画白書　平成13年度版』平成13年9月．
長坂俊成「情報化に伴うテレワーク・在宅勤務の現状と可能性」『日本労働研究機構雑誌No.467』日本労働研究機構，1999年6月．
中野麻美「グローバル経済・IT化の女性労働―進む貧困の女性化」『労働問題研究』377巻，労働問題研究所，2001年．

長瀬伸子「少子化の要因：就業環境か価値観の変化か―既婚者の就業形態選択と出産時期の選択」『人口問題研究』第55巻第二号，1999年．
長瀬伸子「仕事と子育てを両立できない本当の理由」『エコノミックス　2000年2月号』東洋経済新報社，2000年．
中馬宏之・樋口美雄『経済環境の変化と長期雇用』日本経済新聞社，1994年．
中馬宏之・駿河輝和編『雇用慣行の変化と女性労働』東京大学出版会，1997年．
西垣　通『IT革命―ネット社会のゆくえ―』岩波新書，2001年．
日本テレワーク協会『テレワーク白書2000』，2000年．
日本データ通信協会『2005年次世代ネットワークのすべて』，2000年．
日本マルチメディア・フォーラム　テレワーキンググループ『在宅オンラインアンケート調査報告書1999』，平成12年．
日本労働研究機構『IT化と企業・労働―IT活用企業についての実態調査，情報関連企業の労働面についての実態調査―』，2000年．
日本労働研究機構『欧州のワークシェアリング　フランス，ドイツ，オランダ』2002年．
日本労働研究機構「調査研究報告書　高学歴専業主婦の就業意識と生活実態　№77」，1998年．
日本労働研究機構「調査研究報告書　情報通信機器の活用による在宅就業の実態と課題　№113」，1998年．
日本労働研究機構「調査研究報告　テレワーキングと職業観　2000　№131」2000年．
日本労働研究機構「パソコンネットワークに集う在宅ワーカーの実態と特性」№106，1998年．
根本孝『ワークシェアリング「オランダ・ウェイ」に学ぶ・日本型雇用革命ゆったり豊かに』ビジネス社，2002年．
野中郁次郎/ネットワーク・ビジネス研究会『ネットワーク・ビジネスの研究』日経BP，1999年．
林昇一・高橋宏幸編『経営戦略ハンドブック』中央経済社，2003年．
原田実・安井恒則・黒田兼一編著『新・日本的経営と労務管理』ミネルヴァ書房，2000年．
樋口美雄『日本経済と就業行動』東洋経済新報社，1991年．
樋口美雄『日本の雇用システムと労働市場』日本経済新聞社，1995年．
樋口美雄『労働経済学』東洋経済新報社，1996年．
福留恵子「テレワークにみる女性の仕事と家庭の両立」『季刊　家計経済研究　2002冬　第53号』家計経済研究所，2002年．
藤井治枝「日本的経営における女性労働者管理の特質とその変貌」中央大学企業研究所，『「日本的経営」の再検討』中央大学出版部，1993年．
藤井治枝『日本企業社会と女性労働』ミネルヴァ書房，1996年．
藤井治枝・渡辺峻共著『日本企業の働く女性たち』ミルヴァァ書房，1998年．
藤井治枝・渡辺峻編著『現代日本経営の女性労働　労務管理の個別化と男女の自立』ミネルヴァ書房，1999年．

藤井治枝・渡辺峻編著『現代企業経営の女性労働』ミネルヴァ書房，1999年．
古郡鞆子『非正規労働の経済分析』東洋経済新報社，1997年．
古郡鞆子『働くことの経済学』有斐閣，1998年．
米国国務省『デジタル・エコノミー』（室田泰弘訳）東洋経済新報社，1999年．
米国国務省『デジタル・エコノミーII』（室田泰弘編訳）東洋経済新報社　2000年．
堀眞由美「男女共同参画社会と「均等法」」『白鷗女子短大論集』第21巻第2号，白鷗大学女子短期大学部，1997年．
堀眞由美「ファミリー・フレンドリー企業に関する一考察―女性労働環境整備とファミリー・フレンドリー思想の企業への浸透―」『白鷗女子短大論集』第25巻第1号，白鷗大学女子短期大学部，2000年．
堀眞由美「栃木県における女性労働環境の問題と課題―女性労働に関する意識と実態からの考察―」白鷗大学ビジネス開発研究所『白鷗ビジネスレビュー第10巻第1号』，2001年．
堀眞由美「テレワークの普及と女性労働―就業形態の多様化とテレワーク―」『白鷗大学論集　第15巻　第2号』白鷗大学，2001年．
堀眞由美「ネットワーク社会における女性労働―テレワークの普及と女性の就業形態の変化と課題―」中央大学大学院研究年報第4号，総合政策研究科編，2001年．
堀眞由美「電子社会における女性労働の展望―M型就業曲線の改革：米国政府のテレワークの取り組みに学ぶ―」政策分析ネットワーク，第4回政策メッセ，2003年．
堀眞由美「電子社会の進展と女性の就業形態多様化の研究―就業形態の多様化としてのテレワーク（在宅ワーク）の可能性について―」学位論文，中央大学，2003年．
堀眞由美「地域（栃木県）におけるIT化の実態と女性の就業形態―テレワークの可能性：栃木県企業へのアンケート調査結果から」白鷗大学ビジネス開発研究所『白鷗ビジネスレビュー第12巻第1号』，2003年．
堀眞由美「女性労働の実態と就業形態の変化に関する先行研究」『白鷗大学論集　第17巻第2号』白鷗大学，2003年．
的野優貴子・松岡輝美「九州沖縄地方におけるSOHOの実態調査および行政施策についての考察」『第3回日本テレワーク学会研究発表大会論文集』日本テレワーク学会，2001年．
前田信彦『仕事と家庭生活の調和　日本・オランダ・アメリカの国際比較』日本労働研究機構，2001年．
三友仁志編著『テレワーク社会』NTT出版，1997年．
森田陽子・金子能宏「育児休業制度の普及と女性雇用者の勤続年数」『日本労働研究機構雑誌Vol.40, No.9』，1998年．
森戸英幸「わが家が一番？―情報化に伴うテレワーク・在宅勤務の法的諸問題―」『日本労働研究機構』No.467，日本労働研究機構，1999年．
八代尚宏『女性労働の経済分析』日本経済新聞社，1983年．
八代尚宏・大石亜希子『経済環境の変化と日本的雇用慣行』日本労働研究機構雑誌　No.423，1994年．
八代尚宏『日本的雇用慣行の経済学』日本経済新聞社，1997年．

八代尚宏『雇用改革の時代　働き方はどう変わるか』中央公論新書，1999年．
八代尚宏「少子化時代の企業の役割」『中央公論』2000年12月号．
安川悦子「日本型企業社会と家族問題」『日本型企業社会と社会政策』啓文社，1994年．
山岡てる子『新雇用管理―女子雇用管理から生活視点の人材活用経営へ―』中央経済社，1995年．
郵政省『通信白書　2000年版』，2000年．
郵政省通信政策局編『世界情報通信社会の構築へ向けて』大蔵省印刷局，1987年．
郵政省通信政策局編『ネットワーク型産業構造と経営革新』大蔵省印刷局，1990年．
連合「3年目を迎えた均等法」『労働調査』労働調査協議会，1989年．
労働省編『平成12年版　労働白書』日本労働研究機構，平成12年．
労働大臣官房政策調査部編「アウトソーシング等業務委託の実態と労働面への影響に関する調査」1998年．
労働大臣官房政策調査部編『企業の情報化と労働』大蔵省印刷局，1996年．
労働大臣官房政策調査部編『就業形態の多様化に関する総合調査報告書』大蔵省印刷局，1996年．
労働大臣官房政策調査部編『パートタイマーの実態』大蔵省印刷局，1997年．
労働大臣官房政策調査部編「労働統計調査月報Vol.50, № 4」労務行政研究所1998年4月．
労働大臣官房政策調査部編『ワークシェアリング　労働時間短縮と雇用，賃金』大蔵省印刷局，1990年．
労働省女性局編『女性労働白書―働く女性の実情―』平成10年版，平成11年版㈶21世紀職業財団．
労働省女性局編『男女雇用機会均等法　労働基準法（女性関係等）育児・介護休業法　パートタイム労働法解釈便覧―平成11年4月1日施行』㈶21世紀職業財団，1998年．
労働省女性局編「「ファミリー・フレンドリー」企業研究会報告書」平成11年．
労働省女性局編「働く女性の実情　平成9年版」㈶21世紀職業財団，1998年．
労働省婦人局婦人政策課監修・㈶労働問題リサーチセンター編『女性の地位指標』大蔵省印刷局，1995年．
労働対人官房政策調査部編「労働統計調査月報Vol.52, № 8」労務行政研究所　2000年8月．
涌田宏昭『ネットワーク社会と経営』中央経済社，1999年．
脇坂明『日本型ワークシェアリング』PHP研究所，2002年．
渡辺俊『コース別雇用管理と女性労働―男女共同参画社会をめざして』中央経済社，平成10年．
渡辺俊『人的資源の組織と管理』中央経済社，平成12年．

Index

[あ]

iDC（インターネットデータセンター）関連
　　……………………………ⅲ　152　154
アウトソーシング ………ⅱ　35　61　119
アナログ ……………………………………152

[い]

育児・介護休業法
　　………………7　13　18　31　126　131
育児休職制度 ………………95　96　115
一般労働型 ……………………………19　24
e-ラーニング …………59　74　148　149
e-work 制度 …………………………72　74
インターネット …35　36　42　44　45　52
　　56-58　61　62　85　99　104-107　114
　　128　129　141　149　154

[え]

M 型曲線
　　……ⅱ　2　18　19　20　22　55　88　158
M 型就業プロセス ………2　4　10　12　146
M 型の平準化 ……………………………59
M 型ボトム ……………………14　22　127
エンジニアリング ………………………82

[お]

OECD ………………14　16　123　124
OA 化 ………………………19　21　26　34
OL 層 ………………………………………26
オフィスコスト ………62　63　109　130
オランダ・モデル ………………132　149

[か]

介護休業法 ………………………………131
改正均等法 ………………13　126　131
家族単位制 ………………………………25
家庭内性別役割分担 ……………………10

[き]

企業別労働組合 …………ⅰ　4　5　6　151
技術革新 …………………………………5　6
帰属意識 …………………………………5　6
きりんの首 ………………………………20
均等法関連 …………………………2　6
　　18　19　21　22　29　66　126　131　159

[く]

グローバリゼーション ………23　123　155

[け]

経営革新 …………………………………57
経営学的フレーム ………………………19
経営の効率化 ……………………………44
経済サービス化 ……………………11　44
経済的差別論 ……………………………24
経済白書 ……………………………45　62
契約社員 ………18　25　30　45　46　122

[こ]

高学歴化 …………………………………ⅱ　11
　　16　32　33　38　54　56-58　60　61　66
　　72　78　79　82　83　131　147　148
高度経済成長期 ……………ⅰ　8　10　19

高度専門能力開発型 …………………24
高付加価値化 …………………………44
高齢化 ……………ii 31 33 34 54 60
　　　63 65 88 89 91 98 127 132 141
コース別管理 …………………………21
国際テレワーク協議会（ITAC）…………144
国土庁 ………………………76 86 138
国民生活白書 ………23 28 30 41 155
雇用調整的役割 ………………………10
雇用ミックス構造システム …………10

　　　　　　　［ さ ］

在宅勤務 ………44 75 79 135 156 158
在宅ワーク
　　…………ii 28-30 35 37 48 57 58 71
　　75-77 80 82-86 101 112 127 128
　　129 133 138 142 145 147 148
サテライトオフィス …………………48 49
　　50 51 66 75 76 77 82 129

　　　　　　　［ し ］

ジェンダー ……………18 19 22 24 29
　　57 67 140 142 149 151 154 156
ジェンダー再生産 ……………………19
ジェンダー・フリー理念 ………ii 126 137
㈳日本テレワーク協会
　　…………27 47 49 51 52 62 65 66
　　70 85 109 112 115 116 130 155
就業の多様化 ……………18 21 141
終身雇用 ………………………………i 21
柔軟な労働力 …………………………30
準正規 …………………………………121
準正規社員制 …………………………121
少子化 …………………ii 31 33 34
　　54 60 63 65 88 91 98 130 141
情報通信技術革命 …………………30 45
情報通信白書 ………………35 36 156

情報ネットワーク社会 …………………57
職住接近型 ……………………………52
女性の二極化 …………………………22
女性労働の階層化 ……………………19
女性労働の多様化 ……………………21
女性労働白書
　　…………16 19 28 34 118 120 159
女性労働力率 ………2 12 14 20 58 88
人材の外部化 …………………………25

　　　　　　　［ せ ］

正規社員 ………2 6 10 18 25 26 125
性差的役割分業 ……………2 133 134
性別分業の再編成 ……………………21
性別役割分業 …………………………10
潜在的有業率 …………………………88
先進主要国年齢別労働力率 …………15

　　　　　　　［ そ ］

SOHO ……………………………38 39
　　48 51 52 57 76 84 127 156
組織のフラット化 ………………………37

　　　　　　　［ た ］

大気汚染防止 ………………………52 53
男女共同参画経営 ……………………29
男女共同参画社会
　　……………30 31 98 130 132 151
男女共同参画社会基本法
　　………………7 13 18 126 131
男女共同参画白書 …………34 138 156
男女平等意識 …………………………32

　　　　　　　［ ち ］

地球温暖化 ……………………………53
長期雇用制度 ………………ii 4-6 151

161

[つ]

通信白書 …………………48　66　67　159

[て]

TMAN（東京メトロポリタンエリアネットワーク）……………………………………iii
デジタル関連 …………128　141　149　152
テレコミューター ………………………47　48
テレコミューティング ……27　47　53　67
テレワーカー ……………22　28　29　46　47　59　60　79　82　84　135　147　149
テレワーク関連 ………ii　iii　3　18　24　26-30　35　37　38　41　44-50　53　56-58　60-62　64　70　71　74　75　79-81　84-86　99　101　108　110-114　126-131　133　137　138　141　142　144　146-149　151　156　158
テレワーク白書 …………52　53　155　157
電子社会 ……………………………iii　140　142　147　149　151　152　154　158
電子社会基盤高度活用研究会 ……………152

[と]

同質職務同一賃金 …………………122　123

[に]

日本型企業社会 ………………………………20
日本的経営 ……………………………5　54
日本的雇用慣行 …………i　4　6　10　33　54　61　84　133　142　143　149　158
日本テレワーク学会 ………27　51　86　155
日本モデル ……………………………23　133
日本労働研究機構 …………27　28　31　35　42　63　64　66　67　71　72　76　85　86　116　130　138　154　157　158

[ね]

ネットワーク社会 …………………26　28　41　44　59　60　65　152　158　159
年功序列賃金制度 ……………i　4-6　151
年齢階級別労働力率 ………14　15　20

[は]

パートタイマー …………7　8　10　19-21　24　32　44　45　57　118-123　132　135　137　159
パートタイム ……………………122　143
パートタイム労働法 ……………………25
派遣労働者 ………………………18　45　46
パソコンネットワーク ……………………27
パラダイム転換 ……………………………20

[ひ]

非雇用型テレワーク ……………………27
ビジネス・ルール ……………………147
非自発的パートタイマー ………………120
非正規雇用者 ……………………………118
非正規社員 ……………………2　10　19　22　25　30　32　45　46　77　82　96　98　118　121　123-125　130　135
非正規の分離固定化 ………………………10
非正規労働 ……………18　20　22-24　158

[ふ]

ファミリー・フレンドリー企業 ……31　41　63　67　91　97　115　156　158　159
副業型在宅ワーカー ………………………80
フラット化 …………………38　58　60　75
フレキシビリティ ……35　36　72　133-135
フレックス・タイム ……………20　67　92
ブロードバンド ……………………127　128
分散協調型システム ……………………149
分散協調ワーク ……………………………152

[へ]

平均勤続年数 …………………………12
米国連邦政府人事管理局 ……………144

[ほ]

ホームターミナル制度 ………………73
補助的単純作業者 ………………11　12

[ま]

マイクロ・エレクトロニクス …………11
マネジメント ……………………79　126

[も]

モバイルワーク ………48　52　66　76

[ゆ]

有業率 …………………55　57　61　88

[ら]

ライフサイクル ………………2　3　22
LAN……………………………………61

[り]

臨時社員 ………………………………25

[れ]

レギュレーション15……………………52

[ろ]

労働基準法 ………………21　22　60　66
労働経済学 ………………………18　19
労働市場の多重構造 …………………24
労働力調査 ………………………………7
労働力の女性化 ………………………20
労働力の調整的役割 …………………10
労働力率 …………………12　13　18

[わ]

ワークシェアリング
　124　125　132　137　141　156　157　159
ワークスタイル ………………………67
ワーク・ライフ・バランス ……………74

163

| 著者略歴 | 堀 眞由美（ほり まゆみ） |

中央大学大学院総合政策研究科博士課程修了．㈱日本航空国際線客室乗務員を経て，現在，白鷗大学経営学部・大学院経営学研究科 助教授．博士（総合政策）．「地域（栃木県）における IT 化の実態と女性の就業形態―テレワークの可能性：栃木県企業へのアンケート調査から」「栃木県における女性労働環境整備の問題と課題」（以上；白鷗大学ビジネス開発研究所『白鷗ビジネスレビュー』），「電子社会の進展と女性の就業形態多様化の研究」（中央大学大学院），"The Development of IT and a New Work Format for Women in Japan" (Proceeding of t-world 2001, Ministry of Labour Finland) 他論文多数．
・栃木県男女共同参画審議会委員，栃木県中小企業振興審議会委員，栃木県女性にやさしい労働環境研究会座長，小山市男女共同参画推進に関する条例基本構想検討委員会委員長，小山市男女共同参画懇話会委員長，小山市行政政策評定懇談会委員，電子社会基盤高度活用研究会（協調ワーク基盤分科会）主査．

テレワーク社会と女性の就業

2003年 6 月 1 日　初版第 1 刷印刷
2003年 6 月 9 日　初版第 1 刷発行

著　者　　堀眞由美

発行者　　辰川弘敬
発行所　　中央大学出版部
　　　　　東京都八王子市東中野742-1　〒192-0393
　　　　　電話 0426(74)2351　FAX 0426(74)2354
装　幀　　清水淳子
印　刷　　藤原印刷株式会社
製　本　　株式会社渋谷文泉閣

© Mayumi Hori, 2003 Printed in Japan　〈検印廃止〉
　ISBN4-8057-6147-4
＊定価はカバーに表示してあります．
＊本書の無断複写は，著作権法上での例外を除き禁じられています．
　本書を複写される場合は，その都度当発行所の許諾を得てください．